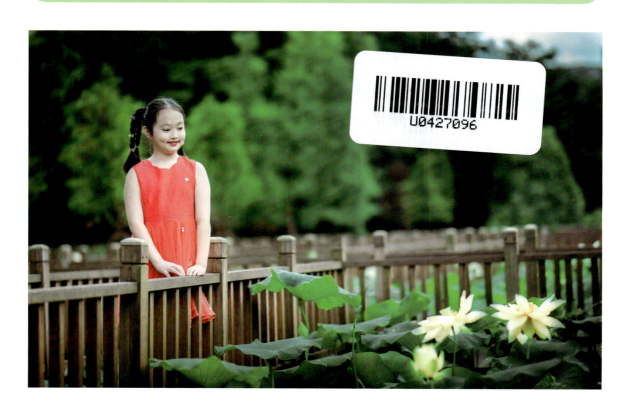

普通话训练教程

曲振巍 ◎ 著

北京大学出版社
PEKING UNIVERSITY PRESS

内 容 简 介

　　本书作者依托自己多年的普通话、朗诵教学经验及播音、主持实践经验，为对普通话发音、朗诵、播音、主持感兴趣的读者编写，以期帮助这些读者有越来越好的发音效果和质感。全书共8章，第一章介绍语音发声基础；第二章及第三章理论与实践相结合地指导读者进行语音基础练习，有声母、韵母、唇齿音、舌根音等相关知识的讲解和配套的发音练习；第四章围绕调值和语流音变进行讲解；第五章重点介绍重音、停连、语气、节奏等知识；第六章讲解朗诵技巧；第七章讲解即兴评述相关知识；第八章奉送大量绕口令训练素材。此外，还有普通话水平测试单字表作为附录送给各位读者。

　　本书结构清晰，内容贴合实际，非常适合对播音、主持、直播、朗诵等活动感兴趣的读者和有相关需求的读者阅读参考，同时可作为高等院校播音、主持相关课程的教材使用。

图书在版编目(CIP)数据

普通话训练教程 / 曲振巍著. —— 北京：北京大学出版社，2024.11. —— ISBN 978-7-301-35609-8

Ⅰ. H102

中国国家版本馆CIP数据核字第2024LS3800号

书　　　名	普通话训练教程 PUTONGHUA XUNLIAN JIAOCHENG
著作责任者	曲振巍　著
责 任 编 辑	滕柏文
标 准 书 号	ISBN 978-7-301-35609-8
出 版 发 行	北京大学出版社
地　　　址	北京市海淀区成府路205号　100871
网　　　址	http://www.pup.cn　新浪微博：@北京大学出版社
电 子 邮 箱	编辑部 pup7@pup.cn　总编室 zpup@pup.cn
电　　　话	邮购部 010-62752015　发行部 010-62750672　编辑部 010-62570390
印 刷 者	北京宏伟双华印刷有限公司
经 销 者	新华书店 787毫米×1092毫米　16开本　9.5印张　8彩插　205千字 2024年11月第1版　2024年11月第1次印刷
印　　　数	1—7000册
定　　　价	52.00元

未经许可，不得以任何方式复制或抄袭本书之部分或全部内容。
版权所有，侵权必究
举报电话：010-62752024　电子邮箱：fd@pup.cn
图书如有印装质量问题，请与出版部联系，电话：010-62756370

普通话是现代标准汉语的另一个称呼,现代标准汉语(现代汉语有标准语和方言之分),即现代通行于中国全境与海外华人地区的有共同标准的通用语言。根据1956年2月6日中华人民共和国国务院发布的《关于推广普通话的指示》,普通话以北京语音为标准音、以北方话为基础方言、以典范的现代白话文著作为语法规范。

普通话的发展历史可追溯至1909年,清政府设立"国语编审委员会",将当时通用的官话正式命名为"国语"——这是汉语首次得到官方命名。1920年,由于《国音字典》语音标准与北平语音标准产生矛盾,爆发了"京国之争",推动了对语言标准的深入探讨。1932年,中华民国教育部正式公布并出版《国音常用字汇》,为确立国语的标准提供了范本,此为现代汉语标准第一个系统——国语系统。2000年10月31日,《中华人民共和国国家通用语言文字法》颁布,确定普通话为国家通用语言。

如今,汉语普通话是世界主要语言之一,是联合国六种正式工作语言之一。

掌握流利的普通话是现代人文明素养的基本体现,能在各种场合彰显个人的知识底蕴与文化修养。《普通话训练教程》一书,通过设计巧妙、趣味横生的训练方法,将原本有些枯燥的基本功练习转化为了轻松、愉快的应用式学习。本书作者深谙地域差异与民族文化特性对学习者的影响,使用循序渐进、点面结合的教学策略,既在书中提供了提纲挈领的理论精髓,又在理论讲解间融入了简单易懂、妙趣横生的方法指导。本书不仅深入剖析了具有代表性的现代美文与古诗文,还提供了丰富的播音主持艺术考试训练素材,旨在助力初学者轻松入门,并帮助学习者在短期内显著提升普通话的标准程度。

此书既能满足中小学生普通话训练的需求,又能为教育工作者提供实用的教学工具,非常适合对播音、主持、直播、朗诵等活动感兴趣的读者和有相关需求的读者阅读参考,同时可作为高等院校播音、主持相关课程的教材使用。

目 录 CONTENTS

第一章 语音发音基础 ··· 1

第一节 小嘴巴的广播体操 ······················· 2

唇的练习 ································ 2
一、喷 ·························· 2
二、咧 ·························· 2
三、撇 ·························· 2
四、绕 ·························· 3

舌的练习 ································ 3
一、刮舌 ······················· 3
二、顶舌 ······················· 3
三、伸舌 ······················· 4
四、绕舌 ······················· 4
五、立舌 ······················· 4
六、舌打响 ···················· 4
七、捣舌 ······················· 5

第二节 双音节词语声调组合练习 ················ 5

普通话的四种声调 ······················· 5
一、阴平（55）·············· 6
二、阳平（35）·············· 6
三、上声（214）············· 6
四、去声（51）·············· 6

练习素材 ································ 6

第二章 语音基础练习：声母 ………… 10

第一节 初入江湖……………………… 11
发音方法……………………………… 11
发音要领……………………………… 12
练习素材……………………………… 12
　一、词组练习………………………12
　二、绕口令练习……………………12
　三、字音矫正练习…………………13
　四、贯口段子练习…………………13
　五、诗歌练习………………………13

第二节 小试身手……………………… 14
发音方法……………………………… 14
发音要领……………………………… 15
练习素材……………………………… 15
　一、词组练习………………………15
　二、字音矫正练习…………………15
　三、绕口令练习……………………15
　四、诗歌练习………………………16

第三节 崭露头角……………………… 17
发音方法……………………………… 17
发音要领……………………………… 18
练习素材……………………………… 18
　一、词组练习………………………18
　二、字音矫正练习…………………18
　三、贯口段子练习…………………18
　四、诗歌练习………………………19

第四节 初试锋芒……………………… 19
发音方法……………………………… 20

发音要领 ………………………………………………………… 20
　　练习素材 ………………………………………………………… 20
　　　　一、词组练习 ………………………………………………… 20
　　　　二、字音矫正练习 …………………………………………… 21
　　　　三、故事练习 ………………………………………………… 21

第五节　小有所成 ……………………………………………… 22
　　发音方法 ………………………………………………………… 22
　　发音要领 ………………………………………………………… 23
　　练习素材 ………………………………………………………… 23
　　　　一、词组练习 ………………………………………………… 23
　　　　二、绕口令练习 ……………………………………………… 24

第六节　与众不同 ……………………………………………… 25
　　发音方法 ………………………………………………………… 25
　　发音要领 ………………………………………………………… 26
　　练习素材 ………………………………………………………… 26
　　　　一、词组练习 ………………………………………………… 26
　　　　二、字音矫正练习 …………………………………………… 26
　　　　三、绕口令练习 ……………………………………………… 26
　　　　四、诗歌练习 ………………………………………………… 27

第七节　独具一格 ……………………………………………… 28
　　发音方法 ………………………………………………………… 28
　　发音要领 ………………………………………………………… 28
　　练习素材 ………………………………………………………… 29
　　　　一、词组练习 ………………………………………………… 29
　　　　二、字音矫正练习 …………………………………………… 29
　　　　三、绕口令练习 ……………………………………………… 29
　　　　四、诗歌练习 ………………………………………………… 29

第三章 语音基础练习：韵母 ⋯⋯⋯⋯ 31

第一节 小有名气 ⋯⋯⋯⋯ 32
- 发音方法 ⋯⋯⋯⋯ 32
- 发音要领 ⋯⋯⋯⋯ 33
- 练习素材 ⋯⋯⋯⋯ 34
  - 一、字音矫正练习 ⋯⋯⋯⋯ 34
  - 二、诗歌练习 ⋯⋯⋯⋯ 34

第二节 小露锋芒 ⋯⋯⋯⋯ 35
- 发音方法 ⋯⋯⋯⋯ 35
- 发音要领 ⋯⋯⋯⋯ 36
- 练习素材 ⋯⋯⋯⋯ 36
  - 一、词组练习 ⋯⋯⋯⋯ 36
  - 二、字音矫正练习 ⋯⋯⋯⋯ 37
  - 三、诗歌练习 ⋯⋯⋯⋯ 37

第三节 游刃有余 ⋯⋯⋯⋯ 39
- 发音方法 ⋯⋯⋯⋯ 39
- 练习素材 ⋯⋯⋯⋯ 40
  - 一、字音矫正练习 ⋯⋯⋯⋯ 40
  - 二、诗歌练习 ⋯⋯⋯⋯ 40

第四节 炉火纯青 ⋯⋯⋯⋯ 41
- 发音方法 ⋯⋯⋯⋯ 41
- 发音要领 ⋯⋯⋯⋯ 42
- 练习素材 ⋯⋯⋯⋯ 42
  - 一、字音矫正练习 ⋯⋯⋯⋯ 42
  - 二、诗歌练习 ⋯⋯⋯⋯ 43

第四章 调值及语流音变 ······ 45

第一节 调值 ······ 46
- 调值的特点 ······ 46
- 调值的标记方法 ······ 46
- 四音调呼吸控制特点 ······ 47
  - 一、"阴平"呼吸控制特点 ······ 47
  - 二、"阳平"呼吸控制特点 ······ 47
  - 三、"上声"呼吸控制特点 ······ 47
  - 四、"去声"呼吸控制特点 ······ 47
- 练习素材 ······ 48

第二节 语流音变 ······ 48
- 变化特点 ······ 49
  - 一、上声的变音规则 ······ 49
  - 二、去声的变音规则 ······ 49
  - 三、"啊"的变音规则 ······ 49
  - 四、"一"和"不"的变音规则 ······ 50
- 练习素材 ······ 50

第五章 重音、停连、语气及节奏 ······ 51

第一节 重音 ······ 52
- 重音的特点 ······ 52
- 常见的四类重音 ······ 52
  - 一、表意重音 ······ 52
  - 二、逻辑重音 ······ 52
  - 三、修辞重音 ······ 52
  - 四、感情重音 ······ 52
- 练习素材 ······ 53

第二节 停连 ······ 54

停连的要义 ······ 54
停连的特点 ······ 54
停连的种类 ······ 54
一、区分性停连 ······ 54
二、呼应性停连 ······ 55
三、并列性停连 ······ 55
四、分合性停连 ······ 56
五、强调性停连 ······ 56
六、判断性停连 ······ 57
七、转换性停连 ······ 57
八、生理性停连 ······ 57
九、回味性停连 ······ 58
十、灵活性停连 ······ 58

练习素材 ······ 59

第三节 语气 ······ 65

语气的种类 ······ 65
一、陈述语气 ······ 65
二、疑问语气 ······ 66

语气的使用技巧 ······ 66

第四节 节奏 ······ 67

朗诵节奏的6种类型 ······ 67
一、轻快型 ······ 67
二、凝重型 ······ 67
三、舒缓型 ······ 67
四、紧张型 ······ 68
五、高亢型 ······ 68
六、低沉型 ······ 68

朗诵节奏的使用重点 ······ 68
朗诵节奏的基本转换形式 ······ 68

第六章 朗诵技巧 ······ 69

第一节 朗诵基调 ······ 70

朗诵的 20 种基调 ······ 70
一、清新舒展型 ······ 70
二、高亢明亮型 ······ 70
三、热情赞美型 ······ 70
四、义正辞严型 ······ 70
五、低沉悲痛型 ······ 71
六、轻松活泼型 ······ 71
七、低沉压抑型 ······ 71
八、骄傲自豪型 ······ 71
九、深沉宁静型 ······ 71
十、精神振奋型 ······ 72
十一、深切缅怀型 ······ 72
十二、风情风趣型 ······ 72
十三、启发诱导型 ······ 72
十四、坚定昂扬型 ······ 72
十五、亲切自然型 ······ 73
十六、庄重严肃型 ······ 73
十七、批评教育型 ······ 73
十八、悲愤激扬型 ······ 73
十九、热情歌颂型 ······ 73
二十、热情欢呼型 ······ 73

练习素材 ······ 74

第二节 调类 ······ 95

调类的基本形态 ······ 95
一、波峰类 ······ 95
二、波谷类 ······ 96
三、上山类 ······ 96

　　　　四、下山类 ································· 96
　　　　五、半起类 ································· 97
　第三节　朗诵语速 ································· 98
　　语速的作用 ····································· 98
　　作品感情和语速的关系 ··························· 98
　第四节　朗诵语气 ································· 99
　　朗诵语气的作用 ································· 99
　　常见的语气色彩 ································· 99
　　气息控制的方法 ································ 101
　　　　一、胸腹式联合呼吸法 ······················ 101
　　　　二、其他简易呼吸法 ························ 101
　第五节　朗诵时的"对象感" ························ 103
　第六节　朗诵时的"内在语" ························ 104
　　内在语的种类及特点 ···························· 104
　　　　一、提示性内在语 ·························· 104
　　　　二、寓意性内在语 ·························· 104
　　　　三、反语性内在语 ·························· 104
　　　　四、回味性内在语 ·························· 104
　　练习素材 ······································ 105
　第七节　朗诵配乐的使用 ·························· 105

第七章　即兴评述 ································ 107

　第一节　即兴评述基础 ···························· 108
　　即兴评述的要点准备 ···························· 108
　　即兴评述的常见题型 ···························· 109
　　　　一、知识题 ································ 109
　　　　二、常识题 ································ 110
　　　　三、时事题 ································ 110

第二节　即兴评述的技巧 …………………………………………… 110
　　一、合理解释题目 ………………………………………………… 110
　　二、正确举例说明 ………………………………………………… 111
　　三、完善总结内容 ………………………………………………… 111
　　四、添加点睛之笔 ………………………………………………… 111
　　五、谨慎遵循程序并实时调整状态 ……………………………… 112
　　六、特别提醒 ……………………………………………………… 113

第八章　绕口令训练 …………………………… 114

附录　普通话水平测试单字表 …………… 130

　　一画 ……………………………………………………………… 131
　　二画 ……………………………………………………………… 131
　　三画 ……………………………………………………………… 131
　　四画 ……………………………………………………………… 131
　　五画 ……………………………………………………………… 132
　　六画 ……………………………………………………………… 132
　　七画 ……………………………………………………………… 132
　　八画 ……………………………………………………………… 133
　　九画 ……………………………………………………………… 134
　　十画 ……………………………………………………………… 135
　　十一画 …………………………………………………………… 135
　　十二画 …………………………………………………………… 136
　　十三画 …………………………………………………………… 136

十四画 ··· 137
十五画 ··· 137
十六画 ··· 137
十七画 ··· 137
十八画 ··· 137
十九画 ··· 138
二十画 ··· 138
二十一画 ·· 138
二十二画 ·· 138
二十三画 ·· 138

第一章
语音发音基础

掌握普通话,要从掌握语音发音基础开始,本章重点介绍语音发音基础相关知识。

第一节　小嘴巴的广播体操

 唇的练习

一、喷

喷，即双唇打响。做喷的动作时，先双唇紧闭，将唇的力量集中于唇中央 1/3 的位置，唇齿相依，不裹唇，阻住气流，再突然连续喷气出声，发出"p""p""p"的声音。

二、咧

做咧的动作时，先将双唇闭紧，尽力向前噘嘴，再让嘴角同时用力向两边移动，寻找抿嘴笑的感觉。按此顺序，进行反复练习。

《小嘴巴快长大》

小嘴巴，要长大。向前伸，两边拉。伸一伸，拉一拉，伸一伸，拉一拉，一二三四五六七八，二二三四五六七八，三二三四五六七八，四二三四五六七八。伸一伸，拉一拉，小小嘴巴快长大。

三、撇

做撇的动作时，先双唇紧闭，向前噘起，再依次向左歪、向右歪、向上抬、向下压，循环往复。

《小嘴巴扭歪歪》

小嘴巴，扭歪歪。紧闭唇，挺起来，左歪歪，右歪歪，上歪歪，下歪歪。一二三四左歪歪，二二三四右歪歪，三二三四上歪歪，四二三四下歪歪。一二三四五六七八，二二三四五六七八，三二三四五六七八，四二三四五六七八……

四、绕

做绕的动作时，先双唇紧闭，向前噘起，再分别向左、向右做360°转圈运动。

《小嘴巴转圈跑》

小嘴巴，扭歪歪。紧闭唇，挺起来，左歪歪，右歪歪，上歪歪，下歪歪，嘴巴灵活转起来。一二三四五六七八，二二三四五六七八，三二三四五六七八，四二三四五六七八……转一转，再反转，一二三四五六七八，二二三四五六七八，三二三四五六七八，四二三四五六七八……

舌的练习

一、刮舌

做刮舌动作时，第一步，用舌尖顶下齿背，舌体贴住齿背，随意张嘴，用上门齿齿沿刮舌叶、舌面，使舌面逐渐上挺隆起；第二步，舌面后移，向上贴住硬腭前部，感觉舌面向百会穴立起。

二、顶舌

做顶舌动作时，第一步，闭唇，用舌尖顶住左内颊，用力顶，外观似有豆/糖含在嘴里；第二步，保持闭唇状态，用舌尖顶住右内颊，用力顶，外观似含在嘴里的豆/糖从左侧换到了右侧。左右交替，反复练习。

《舌头小兔在跑步》

猜一猜，看一看，舌头小兔跑哪边。跑左边，跑右边——左边，左边，一二三四五六七八；右边，右边，二二三四五六七八；左边，左边，三二三四五六七八；右边，右边，四二三四五六七八……

舌头小兔跑步累不累？不累！舌头小兔爱锻炼，左边，左边，右边，右边……

舌头小兔跑步累不累？累！累了停在口中央。

三、伸舌

做伸舌动作时，先努力将舌伸出唇外，舌体集中，舌尖向前，再向左、右、上、下尽力伸展。在舌体集中的练习过程中，舌尖要能集中用力。

《舌头做早操》

舌体集中向外伸，左伸伸，右伸伸，上伸伸，下伸伸，前伸伸。一二三四五六七八，二二三四五六七八，三二三四五六七八，四二三四五六七八……

四、绕舌

做绕舌动作时，第一步，闭唇，让舌尖位于齿前、唇后；第二步，先顺时针方向环绕360°，再逆时针方向环绕360°，顺逆交替，反复练习。

《舌头小兔转圈圈》

猜一猜，看一看，舌头小兔跑哪边。跑左边，跑右边，跑上边，跑下边……上下左右转圈圈，一二三四五六七八，二二三四五六七八，三二三四五六七八，四二三四五六七八……转一转，再反转，一二三四五六七八，二二三四五六七八，三二三四五六七八，四二三四五六七八……舌头小兔累不累？累！累了停在口中央！

五、立舌

做立舌动作时，第一步，努力将舌尖向左后侧伸，贴住左侧槽牙齿背；第二步，舌尖沿齿背向前推，推至门齿中锋；第三步，舌尖用力向右侧翻，并努力向右后侧伸，直至贴住右侧槽牙齿背……左右交替，反复练习。

六、舌打响

1. 发"de"音

在舌打响的过程中发"de"音时，第一步，用舌尖顶住上齿龈，用力持阻；第二步，突然弹开，发出类似"de"的声音。

舌尖抬起，顶住上齿龈，持阻后突然弹开，反复练习，可持续发出"de""de""de"的声音。

2. 发"t"音

在舌打响的过程中发"t"音时，第一步，用舌尖顶住上齿龈，体会用力发"de"音时舌尖与上齿龈成阻、持阻、除阻时的动作；第二步，用舌尖抵住上齿龈，阻住气流后突然放开，爆发出"t""t""t"的声音。

刚开始练习的时候，若舌尖无力，所发"t"音的响声会较小，舌尖有力后，响声会越来越大。做"t"音舌打响练习时，声带一般不颤动、不带音，通过舌尖抵住上齿龈，成阻、持阻、除阻的动作发音。

3. 发"k"音

在舌打响的过程中发"k"音时，第一步，舌根抬起至软硬腭交界处，体会发"嘎"音时舌根与软硬腭交界处成阻、持阻、除阻时的动作；第二步，舌根与软硬腭交界处不断做阻气、突然打开、阻气、突然打开的打响动作，发出"k""k""k"的声音。

做这一练习，可以增强舌根力量，提高舌根灵活性。这一目的，主要是通过舌根抬起顶软腭，成阻、持阻、除阻，持续发"k""k""k"的声音实现的。

七、捣舌

做捣舌动作时，需要将枣核状物体（枣核、橄榄核等）的尖端以正对口腔前后中纵线的状态放在舌面上，努力用舌面挺起的动作使它翻转。反复练习可增强舌部力量。

第二节　双音节词语声调组合练习

阴平（55）、阳平（35）、上声（214）、去声（51）

普通话的四种声调

"阴平（55）""阳平（35）""上声（214）""去声（51）"是普通话的四种声调，括号中

的数字是五度标记法中的调值。五度标记法由赵元任先生于 20 世纪 20 年代发明，是一种记录语言声调调值的方法，用五度竖标来标记调值的相对音高，感兴趣的读者可自行查阅相关资料。

接下来，对普通话的四种声调详细介绍如下。

一、阴平（55）

阴平（55）表示声调从 5 度到 5 度，保持平稳，没有升降变化，是一个高平调。例如，"妈"字的声调就是阴平（55）。

二、阳平（35）

阳平（35）表示声调从 3 度升到 5 度，是一个中升调。例如，"麻"字的声调就是阳平（35）。

三、上声（214）

上声（214）表示声调先从 2 度降到 1 度，再升到 4 度，是一个降升调或曲折调。例如，"马"字的声调就是上声（214）。

四、去声（51）

去声（51）表示声调从 5 度降到 1 度，是一个全降调。例如，"个"字的声调就是去声（51）。

练习素材

1．"阴阴"词组练习

播音	芭蕉	包抄	工兵	交通	丰收	插花	粗心	单一	多边	翻车
东风	甘心	商标	婚期	加工	江山	咖啡	攀登	签发	撒娇	山崩
生机	丢失	收工	私奔	松花	天书	通知	推翻			

2．"阴阳"词组练习

| 资源 | 鲜明 | 中国 | 青年 | 高潮 | 宣传 | 新型 | 通俗 | 相同 | 安全 | 发言 |
| 加强 | 欢迎 | 新闻 | 关怀 | 今年 | 星球 | 思维 | 珍藏 | 签名 | 推崇 | 汪洋 |

吸盘　先民　相持　逍遥　心头

3. "阴上"词组练习

发展　充满　艰苦　生产　思想　包揽　边卡　冰点　抽水　出使　粗纺
冬笋　发表　飞涨　封底　钢铁　歌舞　根本　公款　街垒　惊扰　开垦
军礼　欧姆　生长　签署　枪眼　亲口　轻取　丘疹

4. "阴去"词组练习

播送　音乐　单位　根据　方向　经济　夫妇　区域　失事　希望　封建
欢乐　帮助　通过　压迫　飞快　中外　悲剧　丰富　工作　骄傲　优胜
屈就　山寨　申述　失败　收据　偷窃　托运

5. "阳阴"词组练习

革新　南方　国歌　平均　农村　节约　承担　回音　泥沙　航空　长江
房间　提纲　崇高　来宾　其他　完婚　围巾　袭击　邪心　刑期　旋梯
姨妈　银杯　营私　逾期　原装　云霄　杂交

6. "阳阳"词组练习

人民　红旗　团结　联合　儿童　杂粮　闸门　博学　陈年　驰名　纯熟
独裁　繁杂　芙蓉　核能　洪福　胡来　滑头　还俗　吉祥　结节　橘红
绝缘　来源　临时　灵活　流连　楼房　轮流　唐朝

7. "阳上"词组练习

描写　食品　杂草　情感　调解　文选　停止　从缓　平坦　遥远　民主
难免　勤恳　平等　伦理　麻纺　眉眼　迷惘　瞄准　魔掌　排挤　培养
皮尺　朋党　墙角　齐整　回首　情网　人海

8. "阳去"词组练习

革命　群众　局势　神韵　模范　实用　俗套　弹奏　情愿　提示　辽阔
同志　豪迈　陶醉　填空　调料　雄厚　投票　徒步　维系　文字　无愧
习惯　斜射　行政　玄妙　询问　牙垢　福利

9. "上阴"词组练习

北京　广播　演出　养伤　纺织　野炊　友军　语音　掌声　指针　打通
胆汁　导师　领空　每天　抵押　短装　耳根　语法　感激　果汁　反击
海鸥　好听　火攻　几经　简单　讲师　脚跟　卡车

10. "上阳"词组练习

朗读	考察	苦寒	垮台	老年	普及	谴责	紧急	里程	脸皮	领衔
柳琴	旅途	马兰	满族	免刑	女儿	脑膜	拟人	取决	纺绸	跑鞋
启航	抢白	软席	审核	省城						

11. "上上"词组练习

感想	总理	友好	简短	彼此	表演	广场	打倒	许久	顶点	耳语
减少	反省	勇敢	领土	鼓掌	演讲	领导	手掌	水产	导演	躺椅
体检	土法	瓦解	晚点	奖赏	稳妥	索取	好友			

12. "上去"词组练习

想象	广大	努力	土地	舞剧	款待	讨论	诡辩	典范	感谢	选派
广阔	险要	响亮	写作	雪夜	雅趣	演算	倚仗	五代	喜报	主要
巩固	稿件	勇士	挑战	紧迫	妥善	稳健				

13. "去阴"词组练习

象征	卫星	列车	认真	地方	月刊	病菌	录音	印刷	退休	必须
验收	下乡	外宾	办公	四周	降低	特征	用兵	右倾	越冬	放生
战争	唱腔	称心	刺刀	促销	错车	大家				

14. "去阳"词组练习

要闻	政权	配合	共同	措辞	电台	月球	预防	自觉	告别	未来
大节	荡然	断层	治疗	负责	蔚蓝	爱情	调查	会谈	到达	地图
课堂	冻结	肚脐	跳槽	对联	恶毒					

15. "去上"词组练习

放手	购买	沸点	恰巧	跳舞	入伍	制止	大脑	办法	队长	况且
信仰	候补	物品	运转	血管	电影	剧本	历史	副手	杠杆	个体
共管	固守	过往	耗损	画稿	会诊					

16. "去去"词组练习

陆续	见面	互助	示范	电报	破例	宴会	浪费	致意	盛会	愤怒
万岁	贺信	自传	大概	议案	扩散	庆祝	寂寞	建设	将士	教室
进度	巨著	救济	俊俏	看待	快报	禁忌	录像			

17. 顺序组合"阴阳上去"词组练习

飞檐走壁	光明磊落	山穷水尽	山明水秀	山盟海誓	千锤百炼	兵强马壮
飞禽走兽	风调雨顺	心怀叵测	心直口快	心明眼亮	妖魔鬼怪	优柔寡断
阴谋诡计	花团锦簇	鸡鸣狗盗	鸡鸣犬吠	妻离子散	呼朋引类	经年累月
孤云野鹤	孤行己见	轻裘缓带	胸无点墨	膏粱子弟	深谋远虑	思前想后
身强体壮	幡然悔悟	灯红酒绿	高朋满座	瓜田李下		

18. 逆序组合"去上阳阴"词组练习

逆水行舟	妙手回春	热火朝天	兔死狐悲	驷马难追	信以为真	背井离乡
遍体鳞伤	步履维艰	倒果为因	地广人稀	调虎离山	奋起直追	叫苦连天
救死扶伤	刻骨铭心	墨守成规	木已成舟	暮鼓晨钟	破釜沉舟	梦想成真
瘦水寒山	视死如归	四海为家	痛改前非	万古长青	万马齐喑	下笔成章
物腐虫生	覆水难收	袖手旁观	异口同声	众寡悬殊	字里行间	自以为非
耀武扬威						

第二章

语音基础练习：声母

声母是韵母前的辅音，与韵母一起构成完整的音节。汉语拼音的声母共有21个，本章分七节进行介绍。

第一节　初入江湖
声母发音练习：双唇音"b""p""m"

双唇音，是由上唇和下唇接触使语流受阻构成的一种辅音。

 发音方法

1."b"发音方法

发"b"音时，先双唇闭合，软腭上升，让气流因通路被完全封闭而积蓄，再双唇打开，让气流脱口而出，爆发成声。发"b"音时，声带不振动。

2."p"发音方法

发"p"音时的阻碍部位、发音方式与发"b"音时相同，但发"p"音时，冲出的气流比发"b"音时强很多。

先在口腔中设置阻碍，让气流在阻碍后面积蓄起来，再除去阻碍，让气流冲出，爆发成声，以这种方式发音的辅音就叫作"塞音"。

发声时声带不振动的辅音，叫作"清音"；反之，叫作"浊音"。像发"b"音一样，有气流冲出，但气流不强的发音，叫作"不送气"发音；像发"p"音一样，冲出的气流很强的发音，叫作"送气"发音。

综上所述，"b"是双唇不送气清塞音，"p"是双唇送气清塞音。

3."m"发音方法

发"m"音时，要双唇闭合，封闭气流的口腔通路，同时软腭下垂，让气流从鼻腔泄出，振动声带成声。

在口腔中设置阻碍，让气流从鼻腔泄出，振动声带成声，以这种方式发音的辅音就叫作"鼻音"。"m"是一个浊音，更具体地说，它是双唇浊鼻音。

发音要领

发音时，发音部位的着力点应集中在双唇中央 1/3 处，使字音清晰且发音有力度。注意，一定不要抿唇、裹唇，以免字音闷暗、不清晰。

练习素材

一、词组练习

1."b"词组练习

八百　标兵　伯伯　臂膀　冰雹

2."p"词组练习

泡泡　澎湃　匹配　铺平　品牌

3."m"词组练习

名模　磨灭　秘密　莫名　猛犸

二、绕口令练习

《买饽饽》（练习"b"）

白伯伯，彭伯伯，饽饽铺里买饽饽。

白伯伯买的饽饽大，彭伯伯买的大饽饽。

拿到家里喂婆婆，婆婆又去比饽饽。

不知是白伯伯买的饽饽大，还是彭伯伯买的饽饽大。

《八百标兵》（练习"p"）

八百标兵奔北坡，炮兵并排北边跑。

炮兵怕把标兵碰，标兵怕碰炮兵炮。

《白庙和白猫》（练习"m"）

白庙外蹲着一只白猫，白庙里有一顶白帽。
白庙外的白猫看见了白帽，
叼着白庙里的白帽跑出了白庙。

三、字音矫正练习

1. "阴阴"字音矫正练习

播音 芭蕉 包抄 工兵 交通 丰收 插花 粗心 单一 多边 翻车
东风 甘心 商标 婚期 加工 江山 咖啡 攀登 签发 撒娇 山崩
生机 丢失 收工 私奔 松花 天书 通知 推翻

2. "阴阳"字音矫正练习

资源 鲜明 中国 青年 高潮 宣传 新型 通俗 相同 安全 发言
加强 欢迎 新闻 关怀 今年 星球 思维 珍藏 签名 推崇 汪洋
吸盘 先民 相持 逍遥 心头 邀集

四、贯口段子练习

《报山名》

大黑山，小黑山，小石顶子亮甲山。
金鸡独立凤凰山，岳飞大战牛头山，五郎出家五台山，湘子出家终南山。
四川省峨眉山，山东省有泰山，辽宁省有千山，吉林省长白山，黑龙江省双鸭山。
许大马棒住的是奶头山，座山雕坐的是威虎山，世界最高山，喜马拉雅山。
唐古拉山，祁连山，有天山，有横山，有黄山，有庐山。
大别山，武当山，武夷山，九华山，日出日落昆仑山，宝塔山，沂蒙山，北京有个八宝山。

五、诗歌练习

《月下待杜鹃不来》

徐志摩

看一回凝静的桥影，
数一数螺钿的波纹，

我倚暖了石栏的青苔,
青苔凉透了我的心坎;

月儿,你休学新娘羞,
把锦被掩盖你光艳首,
你昨宵也在此勾留,
可听她允许今夜来否?

听远村寺塔的钟声,
像梦里的轻涛吐复收,
省心海念潮的涨歇,
依稀漂泊踉跄的孤舟!

水粼粼,夜冥冥,思悠悠,
何处是我恋的多情友,
风飕飕,柳飘飘,榆钱斗斗,
令人长忆伤春的歌喉。

第二节　小试身手
声母发音练习:唇齿音"f"

唇齿音,是借由唇与齿咬合发出的辅音,换句话说,是利用上齿与下唇相接的阻碍发出的辅音。

发音方法

发"f"音时,上齿与下唇相接,软腭上升,气流通过唇齿间的窄缝泄出,摩擦成声。

发"f"音时，声带不振动。

在口腔中设置阻碍，但在阻碍中留一条窄缝，让气流通过窄缝泄出，摩擦成声，以这种方式发音的辅音就叫作"擦音"。"f"是唇齿清擦音。

发音要领

发音时，上下唇的接触面越小越好，即上下唇最好自然、放松地靠在一起。

发音时，不要使拙劲，点到为止即可，否则杂音会很大，字音会不甚清晰。

练习素材

一、词组练习

"f"词组练习

丰富　发奋　方法　肺腑　仿佛　非凡　纷飞　防范　放飞

二、字音矫正练习

"阴上"字音矫正练习

发展　充满　艰苦　生产　思想　包揽　边卡　冰点　抽水　出使　粗纺
冬笋　发表　飞涨　封底　钢铁　歌舞　根本　公款　街垒　惊扰　开垦
军礼　欧姆　生长　签署　枪眼　亲口　轻取　丘疹

三、绕口令练习

《画凤凰》（练习"f"）

粉红墙上画凤凰，凤凰画在粉红墙。

红凤凰，粉凤凰，红粉凤凰，花凤凰。

粉红墙上画凤凰，先画一个红凤凰，再画一个黄凤凰。

黄凤凰上面画上红，红凤凰上面画上黄，

红凤凰变成了红黄凤凰，黄凤凰变成了黄红凤凰。

粉红墙上分不清，哪个是红凤凰，哪个是黄凤凰。

四、诗歌练习

《祖国》（译文）

[俄]米哈伊尔·尤里耶维奇·莱蒙托夫（原文作者）

我爱祖国，但用的是奇异的爱情！
连我的理智也不能把它制胜。
无论是鲜血换来的光荣，
无论是充满了高傲的虔信的宁静，
无论是那远古时代神圣的传言，
都不能激起我心中的慰藉的幻梦。

但我爱——我不知道为什么——
它那草原上凄清冷漠的沉静，
它那随风晃动的无尽的森林，
它那大海似的汹涌的河水的奔腾；
我爱乘着马车奔上村落间的小路，
用缓慢的目光透过那苍茫的夜色，
惦念着自己夜间的宿地，
迎接着道路旁荒村中那点点颤抖的灯光；
我爱那野火冒起的轻烟，
草原上过夜的大队车马，
苍黄的田野中小山头上那两棵闪着微光的白桦。
我怀着人所不知的快乐望着堆满谷物的打谷场，
覆盖着稻草的农家草房，
镶嵌着浮雕窗板的小窗；
而在有露水的节日夜晚，
在那醉酒的农人笑谈中，
观看那伴着口哨的舞蹈，
我可以直看到夜半更深。

第三节 崭露头角
声母发音练习：舌尖中音"d""t""n""l"

舌尖中音，是由舌尖和上齿龈对发音气流构成阻碍形成的发音。舌尖上翘，抵在上颚的不同部位，可以制造不同的阻碍。

发音方法

1. "d"发音方法

发"d"音时，第一步，舌尖抵住上齿龈，软腭上升，让气流因通路被完全封闭而积蓄；第二步，舌尖离开上齿龈，气流迸发成声。

2. "t"发音方法

发"t"音时的阻碍部位、发音方式与发"d"音时相同，但发"t"音时，冲出的气流比发"d"音时强很多。

"d"是舌尖中不送气清塞音，"t"是舌尖中送气清塞音。

3. "n"发音方法

发"n"音时，要用舌尖抵住上齿龈，封闭气流的口腔通路，同时软腭下垂，让气流从鼻腔泄出，振动声带成声。"n"是舌尖中浊鼻音。

4. "l"发音方法

发"l"音时，第一步，用舌尖抵住上齿龈，软腭上升；第二步，让气从舌头两侧与两颊内侧的空隙间流出，振动声带成声。

以这种方式发音的"l"叫作"边音"。"l"是舌尖中浊边音。

发音要领

舌尖成点状,抵住上齿龈,对气流构成阻碍,通过成阻、持阻、除阻3个步骤,"弹"出声音。

练习素材

一、词组练习

1. "d"词组练习

大胆　大多　打斗

2. "t"词组练习

特体　体贴　头痛

3. "n"词组练习

男女　男奴　年年

4. "l"词组练习

理论　留恋　拉力

二、字音矫正练习

"阴去"字音矫正练习

播送　音乐　单位　根据　方向　经济　夫妇　区域　失事　希望　封建

欢乐　帮助　通过　压迫　飞快　中外　悲剧　丰富　工作　骄傲　优胜

屈就　山寨　申述　失败　收据　偷窃　托运

三、贯口段子练习

《八扇屏》(选段)

想当初,宋朝文彦博,幼儿倒有灌穴浮球之智;司马温公,倒有破瓮救儿之谋;汉孔融四岁让梨,懂得谦逊之礼;十三郎五岁朝天;唐刘晏七岁举翰林;汉黄香九岁温席奉亲;秦甘罗一十二岁身为宰相;吴周瑜一十三岁官拜水军都督,统带千军万马,执掌六郡八十一州之兵权,施苦肉,献连环,祭东风,借雕翎,火烧战船,使曹操望风鼠窜,险些命丧江南，虽有卧龙、凤雏之相帮，那周瑜，也算小孩子当中之魁首。这几位小孩子，你敢比哪一位？

四、诗歌练习

《奔跑》
史松

配乐：In the Enchanted Garden（Kevin Kern）

节奏：轻快型

朗诵基调：精神振奋

也许你不曾低头看着脚下的一步步，

却不知不觉欣赏了一万里的风景。

路途中，有一样的太阳，不一样的虫鸣、花开。

在狂风暴雨中，我会努力地奔跑，找到绚丽的阳光。

你呢？却在享受阴雨的缠绵，缠绵中凄凉。

在泥泞道路上，我会努力地奔跑，踏上前方的坦途。

你呢？却在抱怨道路的崎岖，崎岖中悲伤。

每逢寂寞"情人"，我会努力地奔跑，追求心中的"恋人"。

你呢？却在寂寞中彷徨，彷徨中徜徉。

一万里路过去了，疾苦如秋叶，姗姗落下。

早晨，太阳升起了，幸福如春花，栩栩还生。

第四节　初试锋芒
声母发音练习：舌尖前音"z""c""s"

舌尖前音，是由舌尖和上门齿背对发音气流构成阻碍形成的发音，属于辅音。

与上齿龈相比，上门齿背位置靠前（更靠近双唇），因此，相比于由舌尖和上齿龈对发音气流构成阻碍形成的舌尖中音，这类发音叫作"舌尖前音"。

 发音方法

1. "z"发音方法

发"z"音时，第一步，舌尖抵住上门齿背，软腭上升，让气流因通路被完全封闭而积蓄；第二步，舌尖微离上门齿背，形成一条窄缝，让气流从窄缝中泄出，摩擦成声。发"z"音时，声带不振动。

2. "c"发音方法

发"c"音时的阻碍部位、发音方式与发"z"音时相同，但发"c"音时，冲出的气流比发"z"音时强很多。

综上所述，"z"是舌尖前不送气清塞擦音，"c"是舌尖前送气清塞擦音。

3. "s"发音方法

发"s"音时，舌尖接近上门齿背，形成一条窄缝，同时软腭上升，让气流从窄缝中泄出，摩擦成声。发"s"音时，声带不振动。"s"是舌尖前清擦音。

因为发舌尖前音时，舌尖要前伸，上翘不明显，且舌面相对平直，所以舌尖前音"z""c""s"通常又叫作"平舌音"。

发音要领

"z""c""s"是一组舌尖与上门齿背成阻发出的音，发音时，要注意舌尖是集中的、有力度的，与上门齿背的接触面要尽量小、成点不成片。注意，发音部位的力量不集中，发音会较混浊、不清晰。

 练习素材

一、词组练习

1. "z"词组练习

遭罪　枣子　早走

2. "c" 词组练习

彩瓷　此次　猜测

3. "s" 词组练习

思索　四艘　撕碎

二、字音矫正练习

"阳阴"字音矫正练习

革新	南方	国歌	平均	农村	节约	承担	回音	泥沙	航空	长江
房间	提纲	崇高	来宾	其他	完婚	围巾	袭击	邪心	刑期	旋梯
姨妈	银杯	营私	逾期	原装	云霄	杂交

三、故事练习

《蝈蝈儿和蛐蛐儿说大话》

星期天，我到郊区游玩，瞧见了一只蝈蝈儿和一只蛐蛐儿吹牛皮。

蝈蝈儿说："嘿，我在南山一口吃了一只斑斓虎！"

蛐蛐儿说："嗨，我在北山一口吃了两匹大叫驴！"

蝈蝈儿说："嘿，我卷卷须，拔掉了万年大松树！"

蛐蛐儿说："嗨，我一伸腿儿，踹倒了高山变平地！"

蝈蝈儿说："嘿，飞禽走兽都归我管。"

蛐蛐儿说："嗨，不管是天上飞的、地下跑的、水里游的，还是草坑里蹦的，都得听我给它们立规矩！"

这两个家伙在那儿吹牛皮时，猛听得正东方"咕咕咕，咯咯咯，咕噜噜噜噜……"飞来了一只芦花大公鸡。您说这公鸡有多楞？一口把蝈蝈儿吞到了肚子里。

蛐蛐儿一见有气啦，开言有语骂公鸡："我说公鸡啊，你不该在南山吃我的亲娘舅，在北山吃我的姑姑姨。四两的棉花你纺一纺吧，你蛐爷爷我不是好惹的！今天你犯在了我手上，咱俩得分个上下与高低。"

蛐蛐儿越说越恼越有气，它磨磨牙、捋捋须、蹬蹬腿儿，往前一蹦，你猜怎么着？嘿，它也喂了鸡！

第五节　小有所成

声母发音练习：舌尖后音"zh""ch""sh""r"

舌尖后音，又称"翘舌音"与"卷舌音"，是由舌尖和硬腭前部对发音气流构成阻碍形成的发音，属于辅音。

 发音方法

1."zh"发音方法

发"zh"音时，舌尖上翘，抵住硬腭前部，同时软腭上升，堵塞鼻腔通路，在声带不振动的情况下，用较弱的气流把舌尖的阻碍冲开一条窄缝，气流从中挤出，摩擦成声。

"zh"是舌尖后不送气清塞擦音。

2."ch"发音方法

发"ch"音时的阻碍部位、发音方式与发"zh"音时相同，但发"ch"音时，冲出的气流比发"zh"音时强很多。

"ch"是舌尖后送气清塞擦音。

3."sh"发音方法

发"sh"音时，舌尖上翘，接近硬腭前部，形成窄缝，同时软腭上升，堵塞鼻腔通路，在声带不振动的情况下，气流从舌尖和硬腭前部之间的窄缝中挤出，摩擦成声。

"sh"是舌尖后清擦音。

4."r"发音方法

发"r"音时的阻碍部位、发音方式与发"sh"音时相近，不同之处是摩擦比发"sh"音时弱，同时声带微振动，气流带音。

"r"是舌尖后浊擦音。

发音要领

舌尖向上翘起,和硬腭前部构成阻碍,气息沿舌面两侧移动,摩擦而出。

练习素材

一、词组练习

1. "zh"词组练习

(1) 单音节词组练习

赵 郑 知 中 朱 专 庄 周 抓 追 摘

(2) 双音节词组练习

庄重 主张 支柱 转折 指针 战争 政治 挣扎 郑重 状纸 招致 制止 招展

(3) 多音节词组练习

掌上明珠 招兵买马 振振有词 争先恐后 珠圆玉润 郑重其事 知法犯法 知己知彼 知无不言 咫尺天涯 至高无上 至理名言

2. "ch"词组练习

(1) 单音节词组练习

产 吵 车 陈 程 冲 除 船 吹 春 查 揣 床 抽

(2) 双音节词组练习

超产 长城 船厂 穿插 车床 出产 长处 乘车 折穿 初春 铲除

(3) 多音节词组练习

触类旁通 长篇大论 畅所欲言 陈词滥调 沉默寡言 成败利钝 成人之美 成竹在胸 承上启下 吃苦耐劳 赤胆忠心 叱咤风云 冲出虎口 愁眉不展

3. "sh"词组练习

(1) 单音节词组练习

沙 蛇 筛 省 双 书 生 上 顺 山 水 晌 赏 诗

(2) 双音节词组练习

山水 双手 闪烁 神圣 沙石 绅士 手术 赏识 审视 少数 设施 上山 闪失 首饰

（3）多音节词组练习

深入人心　神采奕奕　身价百倍　实事求是　史无前例　始终不懈　始终如一
世外桃源　事半功倍　事在人为　适得其反　势如破竹

4."r"词组练习

（1）单音节词组练习

日　入　如　忍　软　荣　让　然　若　柔　辱　弱　儒

（2）双音节词组练习

仍然　柔韧　容忍　荣辱　如若　软弱　忍让

（3）多音节词组练习

入情入理　若无其事　若有所思　如愿以偿　如箭在弦　如闻其声　仁至义尽
人云亦云　人死留名　燃眉之急　人定胜天　日落西山　如梦初醒　人心所向
如鱼得水

二、绕口令练习

《高高山上一老僧》

高高山上一老僧，身披纳头几千层。

您要问那老僧的年岁，曾记得那黄河九澄清。

那黄河五百年才清一澄，一共是四千五百冬。

老僧倒有八徒弟，八徒弟都各有法名。

大徒弟名叫青头儿愣，二徒弟名叫愣头儿青，三徒弟名叫僧三点儿，四徒弟名叫点儿三僧，五徒弟名叫嘣咕噜霸，六徒弟名叫霸咕噜嘣，七徒弟名叫风随化，八徒弟名叫化随风。

老僧教授他们八宗艺，八仙过海各显其能。

青头儿愣会打磬，愣头儿青会撞钟，僧三点儿会吹管儿，点儿三僧会捧笙，嘣咕噜霸会打鼓，霸咕噜嘣会念经，风随化会扫地，化随风会点灯。

老僧叫他们换一换，换一换是万不能。

老僧叫他们换一换，换一换是万不能，万不能。

愣头儿青打不了青头儿愣的磬，青头儿愣撞不了愣头儿青的钟，点儿三僧吹不了僧三点儿的管儿，僧三点儿捧不了点儿三僧的笙，霸咕噜嘣打不了嘣咕噜霸的鼓，嘣咕噜霸念不了霸咕噜嘣的经，化随风扫不了风随化的地，风随化点不着化随风的灯。

老僧一见有了气,要打徒弟整八名。

眼看着八个徒弟要挨打,门外来了五位云游僧。

共凑僧人十三位,一起到后院儿数玲珑。

玲珑塔,十三层,去数单层,回来双层。

谁要是数上来玲珑塔,谁就算是那大师兄;要是数不上来玲珑塔,就叫他罚跪到天明。

第六节 与众不同

声母发音练习:舌面音"j""q""x"

舌面音,是舌面前部抵住或接近硬腭前部,气流在这一部位受到阻碍后冲出形成的音。

 发音方法

1. "j"发音方法

发"j"音时,第一步,舌尖下垂,舌面前部向上隆起,贴紧硬腭前部;第二步,舌头微微放松,气流从窄缝中摩擦而出,完成发音。

"j"是舌面前不送气清塞擦音。

2. "q"发音方法

发"q"音时,舌尖顶在下齿龈处,舌面向上,靠近软腭,气流从中间挤出成声。

"q"是舌面前送气清塞擦音。

3. "x"发音方法

发"x"音时的口型和发"j"音、"q"音时的口型差不多,都是唇微张,舌面和上颚摩擦。在发"x"音的过程中,先将舌尖压在牙齿上,再轻轻抬起舌头,让空气从舌头和硬腭前部中间挤出来,完成发音。

"x"是舌面前清擦音。

发音要领

发"j"音时,注意不要用力送气。发"q"音时,气流比较强,摩擦时间也比较长,气流冲出得比较急。

 练习素材

一、词组练习

1. "j"词组练习

解决　经济　家具

2. "q"词组练习

齐全　前期　亲切

3. "x"词组练习

现象　学习　学校

二、字音矫正练习

"上阴"字音矫正练习

北京　广播　演出　养伤　纺织　野炊　友军　语音　掌声　指针　打通

胆汁　导师　领空　每天　抵押　短装　耳根　法医　感激　果汁　反击

海鸥　好听　火攻　几经　简单　讲师　脚跟　卡车

三、绕口令练习

《杨家养了一只羊》

杨家养了一只羊,蒋家修了一堵墙。

杨家的羊撞倒了蒋家的墙,蒋家的墙压死了杨家的羊。

杨家要蒋家赔自家的羊,蒋家要杨家赔自家的墙。

不知是杨家赔了蒋家的墙,还是蒋家赔了杨家的羊。

四、诗歌练习

《雪花的快乐》
徐志摩

假如我是一朵雪花，
翩翩地在半空里潇洒，
我一定认清我的方向——
飞扬，飞扬，飞扬——
这地面上有我的方向。

不去那冷寞的幽谷，
不去那凄清的山麓，
也不上荒街去惆怅——
飞扬，飞扬，飞扬——
你看，我有我的方向！

在半空里娟娟地飞舞，
认明了那清幽的住处，
等着她来花园里探望——
飞扬，飞扬，飞扬——
啊，她身上有朱砂梅的清香！

那时我凭借我的身轻，
盈盈地，沾住了她的衣襟，
贴近她柔波似的心胸——
消溶，消溶，消溶——
溶入了她柔波似的心胸！

第七节 独具一格

声母发音练习：舌根音"g""k""h"

舌根音，是由舌根和软腭对发音气流构成阻碍形成的发音，属于辅音。

发音方法

1. "g"发音方法

发"g"音时，第一步，软腭上升，舌根隆起至抵住软腭，让气流因通路被完全封闭而积蓄；第二步，舌根下降，脱离软腭，让气流迸发成声。发"g"音时，声带不振动。

2. "k"发音方法

发"k"音时的阻碍部位、发音方式与发"g"音时相同，但发"k"音时，冲出的气流比发"g"时强很多。

综上所述，"g"是舌根不送气清塞音，"k"是舌根送气清塞音。

3. "h"发音方法

发"h"音时，第一步，软腭上升，挡住气流的鼻腔通路；第二步，舌根隆起，与软腭形成一条窄缝，让气流从窄缝中泄出，摩擦成声。发"h"音时，声带不振动。

"h"是舌根清擦音。

发音要领

发"g"音和"k"音时，软腭自然上升，不要过于刻意，对气流构成阻碍后，通过成阻、持阻、除阻3个步骤，发出声音。

练习素材

一、词组练习

1. "g" 词组练习

广告　更高　公共

2. "k" 词组练习

开阔　可靠　可口

3. "h" 词组练习

还会　豪华　航海

二、字音矫正练习

"上上"字音矫正练习

感想　总理　友好　简短　彼此　表演　广场　打倒　许久　顶点　耳语

减少　反省　勇敢　领土　鼓掌　演讲　领导　手掌　水产　导演　躺椅

体检　土法　瓦解　晚点　奖赏　稳妥　索取　好友

三、绕口令练习

《班干部管班干部》

班干部让班干部管班干部，班干部管班干部。

班干部不让班干部管班干部，班干部不管班干部。

四、诗歌练习

《偶然》

徐志摩

我是天空里的一片云，

偶尔投影在你的波心——

你不必讶异，

更无须欢喜——

在转瞬间消灭了踪影。

你我相逢在黑夜的海上,
你有你的,我有我的,方向。
你记得也好,
最好你忘掉,
在这交会时互放的光亮!

第三章

语音基础练习：韵母

汉语字音中，声母和音调之外的部分，被称为"韵母"。按结构划分，韵母可分为单韵母、复韵母、鼻韵母。此外，还有一个需要特别关注的韵母为"卷舌韵母"，本章会进行单独介绍。

第一节　小有名气

单韵母发音练习："a" "o" "e" "i" "u" "ü"

单韵母，是由一个元音构成的韵母，又称"单元音韵母"。

 发音方法

1． "a"发音方法

发"a"音时，嘴巴张大，舌尖微离下齿背，在口腔中处于不前不后的适中位置，与此同时，舌面中部微微隆起，处于较低的位置，和硬腭后部相对。注意，发"a"音时，双唇不圆，声带有振动，软腭会上升。

发音时舌尖在口腔中处于不前不后的适中位置，以这种方式发音的元音叫作"央元音"；发音时舌面微微隆起，在口腔中处于最低的位置（舌位最低），以这种方式发音的元音叫作"低元音"；发音时双唇不圆的元音叫作"不圆唇元音"。

综上所述，"a"是央低不圆唇元音。

2． "o"发音方法

发"o"音时，上下唇自然拢圆，舌身后缩，舌面后部隆起，舌位半高半低，介于发"a"音和发"i"音之间。发"o"音时，声带有振动，软腭会上升。

发音时舌身后缩，舌尖在口腔中处于靠后的位置，以这种方式发音的元音叫作"后元音"——按舌尖在口腔中的前后位置，可将单元音分为前元音、央元音和后元音。

发音时舌位半高半低，介于最高和最低之间（类似发"o"音时的状态），以这种方式发音的元音叫作"中元音"。

发音时双唇拢圆（类似发"o"音时的状态），以这种方式发音的元音叫作"圆唇元音"——按双唇是否拢圆，可将单元音分为圆唇元音和不圆唇元音。

综上所述，"o"是后中圆唇元音。

3."e"发音方法

发"e"音时，口半闭，唇展，舌身后缩，舌面后部稍隆起，和软腭相对，比发"o"音时的舌面后部略高且偏前。发"e"音时，声带有振动，软腭会上升。

发音时舌位比发中元音时略高，以这种方式发音的元音叫作"半高元音"。注意，舌位是"略高"，而不是介于发中元音和发高元音时的舌位高度之间。

综上所述，"e"是后半高不圆唇元音。

4."i"发音方法

发"i"音时，口微张，两唇呈扁平状，上下齿相对，舌尖接触下齿背，使舌面前部高高隆起，和硬腭前部相对。发"i"音时，声带有振动，软腭会上升。

发音时舌尖在口腔中处于靠前的位置，以这种方式发音的元音叫作"前元音"。

发音时舌面高高隆起，处于最高的位置（舌位最高），以这种方式发音的元音叫作"高元音"。

综上所述，"i"是前高不圆唇元音。

5."u"发音方法

发"u"音时，两唇收缩成圆形，略向前突出，舌后缩，舌面后部高高隆起，和软腭相对。发"u"音时，声带有振动，软腭会上升。

综上所述，"u"是后高圆唇元音。

6."ü"发音方法

发"ü"音时，两唇呈略圆状，略向前突出，舌尖接触下齿背，使舌面前部高高隆起，和硬腭前部相对。发"ü"音时，声带有振动，软腭会上升。

综上所述，"ü"是前高圆唇元音。

发音要领

单韵母发音的特点是发音过程中口形不变，且舌位不移。

练习素材

一、字音矫正练习

"上去"字音矫正练习

想象　广大　努力　土地　舞剧　款待　讨论　诡辩　典范　感谢　选派
广阔　险要　响亮　晓谕　写作　雪夜　雅趣　演算　倚仗　五代　喜报
主要　巩固　稿件　勇士　挑战　紧迫　妥善　稳健

二、诗歌练习

《未选择的路》（译文）

[美] 罗伯特·弗罗斯特（原文作者）

配乐：《爱尔兰画眉》（纯音乐）

黄色的树林里分出两条路，
可惜我不能同时涉足。
我在那路口久久伫立，
向着一条路极目望去，
直到它消失在丛林深处。

但我选择了另一条路，
它荒草萋萋，十分幽寂，
显得更诱人、更美丽。
虽然在这条小路上，很少留下旅人的足迹。

那天清晨落叶满地，两条路都未经脚印污染，
啊，留下一条路改日再见！
但我知道，路径延绵无尽头，
恐怕我难以回返。

也许多少年后在某个地方，我将轻声叹息着把往事回顾。

一个树林里分出两条路，
我选了人迹更少的一条，
因此走出了这迥异的旅途。

第二节　小露锋芒

复韵母发音练习："ai""ei""ao""ou""ia""ie""ua"
"uo""üe""iao""iou""uai""uei"

复韵母，是由两个或三个元音结合而成的韵母。

复合元音并不是两个元音或三个元音的简单相加，而是一种新的固定音组，我们应将其看作一个个语音整体。

发音方法

1. 前响复元音韵母"ai""ei""ao""ou"发音方法

发"ai""ei""ao""ou"等音时，口腔肌肉要放松，作为韵腹的"a""o""e"要发得清晰、响亮、音值稍长，作为韵尾的"i""o""u"则要发得轻、短、模糊，表示出舌位滑动的方向即可。注意，发音时，必须将其读成一个整体，尾音"i""o""u"的发音可以不到位，是松元音 [I] 和 [U]。

2. 后响复元音韵母"ia""ie""ua""uo""üe"发音方法

发"ia""ie""ua""uo""üe"等音时，作为韵头的前一个元音"i""u""ü"要发得轻、短、有紧张感，作为韵腹的后一个元音要发得清晰、响亮、音值较长。注意，发音时，必须将其读成一个整体。

3. 中响复元音韵母"iao""iou""uai""uei"发音方法

发"iao""iou""uai""uei"等音时，要在前响二合元音前加上发"i"音、"u"音的舌位动程，保持原来的前响元音发音，完成中响复元音韵母发音。中响复元音韵母发音过程

中,韵头的发音轻、短,韵尾的发音含混、音值不固定,韵腹的发音清晰、响亮、音值较长。

 发音要领

发音时,口腔要自然打开,舌体自然居中(舌位不前不后、不高不低),舌前、舌中部上抬,舌尖后卷,对着硬腭但不接触。

发音时,声带有振动,软腭会上升,且鼻腔通路呈关闭状态。

 练习素材

一、词组练习

1. "ai"词组练习

白菜　爱戴　彩排　灾害

2. "ei"词组练习

肥美　配备　蓓蕾　飞贼　黑煤

3. "ao"词组练习

草包　高潮　号召　报告　抛锚

4. "ou"词组练习

守候　口头　漏斗　走狗　丑陋

5. "ia"词组练习

加压　加价　假牙　下架　家鸭

6. "ie"词组练习

结业　贴切　乜斜　别谢　铁鞋

7. "ua"词组练习

瓜花　挂花　耍滑　画刷

8. "uo"词组练习

过错　国货　硕果　堕落　过活

9. "üe" 词组练习

月缺　雀跃　约略　缺血　决绝

10. "iao" 词组练习

巧妙　笑料　渺小　苗条　缥缈

11. "iou" 词组练习

悠久　绣球　优秀　久留　旧友

12. "uai" 词组练习

摔坏　怪乖　怀揣　外踝

13. "uei" 词组练习

摧毁　追随　坠毁　归队　悔罪

二、字音矫正练习

"去阴"字音矫正练习

象征　卫星　列车　认真　地方　月刊　病菌　录音　印刷　退休　必须
验收　下乡　外宾　办公　四周　降低　特征　用兵　右倾　越冬　放生
战争　唱腔　称心　刺刀　促销　错车　大家

三、诗歌练习

《冬夜》（译文）

[苏] 鲍利斯·列奥尼多维奇·帕斯捷尔纳克（原文作者）

配乐：*Gute Nacht*

大地一片白茫茫，
无边无际。
桌上的蜡烛在燃烧，
蜡烛在燃烧。
就像夏天的蚊虫，
一群群飞向灯光，
如今外面的飞雪，
一阵阵扑向玻璃窗。

风雪在玻璃窗上,
画着圈圈和杠杠。
桌上的蜡烛在燃烧,
蜡烛在燃烧。
顶棚被烛光照亮,
影子投在顶棚上:
有交叉的胳膊和腿,
还有命运的交会。
两只女鞋砰砰两声,
落在地板上。
扑簌簌几滴烛泪,
滴在衣服上。
一切都沉入雪海,
白茫茫,灰蒙蒙。
桌上的蜡烛在燃烧,
蜡烛在燃烧。
一股风扑在蜡烛上,
一颗芳心荡漾,
就像天使一样,
张开两只翅膀。
二月里到处一片白,
夜晚常常是这样。
桌上的蜡烛在燃烧,
蜡烛在燃烧。

第三节　游刃有余

鼻韵母发音练习："an""en""in""un""ün""ang""eng""ing""ong"

鼻韵母，是由一个或两个元音加鼻辅音构成的韵母，即音尾是鼻音的韵母。鼻韵母可分为前鼻音韵母和后鼻音韵母，前鼻音韵母又称"前鼻韵母"，包括"an""en""in""un""ün"；后鼻音韵母又称"后鼻韵母"，包括"ang""eng""ing""ong"。

发音方法

1. 前鼻音韵母"an""en""in""un""ün"发音方法

发"an"音时，首先发"a"音，然后舌尖向上齿龈移动，直至抵住上齿龈，最后发前鼻音"n"，如"感叹""灿烂"等词的韵母发音。

发"en"音时，首先发"e"音，然后舌尖向上齿龈移动，直至抵住上齿龈，最后发前鼻音"n"，如"认真""根本"等词的韵母发音。

发"in"音时，首先发"i"音，然后舌尖向上齿龈移动，直至抵住上齿龈，最后发前鼻音"n"，如"拼音""尽心"等词的韵母发音。

发"un"音时，首先发"u"音，然后舌尖向上齿龈移动，直至抵住上齿龈，最后气流从鼻腔通过，如"馄饨""混沌"等词的韵母发音。

发"ün"音时，首先发"ü"音，然后舌尖向上齿龈移动，直至抵住上齿龈，最后气流从鼻腔通过，如"均匀""军训"等词的韵母发音。

2. 后鼻音韵母"ang""eng""ing""ong"发音方法

发"ang"音时，首先发"a"音，然后舌头逐渐后缩，直至舌根抵住软腭，最后气流从鼻腔通过，如"厂房""沧桑"等词的韵母发音。

发"eng"音时，首先发"e"音，然后舌头逐渐后缩，直至舌根抵住软腭，最后气流从鼻腔通过，如"更正""生冷"等词的韵母发音。

发"ing"音时，首先发"i"音，然后舌头逐渐后缩，直至舌根抵住软腭，最后发后鼻音"ng"，如"定型""命令"等词的韵母发音。注意，"ing"自成音节时，作"ying"（音同"英"）。

发"ong"音时，首先发"o"音，然后舌头逐渐后缩，直至舌根抵住软腭，最后发后鼻音"ng"，如"工农""红松"等词的韵母发音。

 练习素材

一、字音矫正练习

1. "去上"字音矫正练习

放手　购买　沸点　恰巧　跳舞　入伍　制止　大脑　办法　队长　况且
信仰　候补　物品　运转　血管　电影　剧本　历史　副手　杠杆　个体
共管　固守　过往　耗损　画稿　会诊

2. "去去"字音矫正练习

陆续　见面　互助　示范　电报　破例　宴会　浪费　致意　盛会　愤怒
万岁　贺信　自传　大概　议案　扩散　庆祝　寂寞　建设　将士　教室
进度　巨著　救济　俊俏　看待　快报　禁忌　录像

二、诗歌练习

《一朵小花》（译文）

[俄]普希金（原文作者）

配乐：*Prairie Moon*

我看见一朵被遗落在书本里的小花，
它早已枯萎，失掉了芳香。
就在这时，
我的心里充满了一个奇怪的幻想：
它开在哪儿？什么时候？是哪一个春天？
它开得很久吗？是谁摘下来的？
是陌生人的手，还是熟识人的手？

它为什么会被放到这儿来?
是为了纪念温存的相会,是为了生命中注定的离别之情,还是为了纪念孤独的漫步?
在田野的僻静处,在森林之荫,
他是否还活着?她也还活着吗?
他们现在栖身的一角在哪儿?
或许,他们也都早已枯萎,
正像这朵无人知的小花?

第四节　炉火纯青

卷舌韵母发音练习:"er"

 发音方法

第一步,放松舌根。

发卷舌音与发翘舌音类似的地方在于用力的部位都是舌尖,容易出现的问题也基本一致,即舌根用力。

舌尖与舌根,一端使劲,另一端就很可能无力。因此,舌尖无力、卷不起来,很可能是因为舌根在使劲。

那么,如何优化发力方法呢?

一方面,可以通过训练优化舌尖的发力状态,比如多做舌部操,或多练习"力""量"两个字的发音。另一方面,要明确"er"是韵母,不是声母,发"er"音,不需要像发"d""t""n""l"等音一样舌头用力地"弹",只需要在声带振动的同时,"轻松"地把舌尖卷起来,因为韵母发音靠的是声音在口腔内的"共鸣",不是唇舌的力度。

注意,"er"没有字头,是一个"零声母"音节。发音时,发字头的音是需要用力的,不用力,音就发不清晰,容易含糊。对于没有字头的音节,我们一般会为其补字头,即加

一个类似发声母的音的使劲过程,因此,有的人在发"er"音时,舌头很用力,导致变得僵硬、卷不起来。正确的发音方式,是使用发喉塞音的方法为"er"补字头,"解放"舌头,让舌头处于比较松弛的状态。如此一来,可以避免舌头在上卷之前,就已经肌肉紧张、难以动作。

什么是"喉塞音"呢?即喉部先闭拢,再打开,气流冲出发出的音。发喉塞音时,喉部通常呈爆破状,类似于咳嗽前的喉部状态。

总之,发"er"音时,舌头不要使劲,尤其是发音的瞬间,舌头要松弛,尽量轻松地卷起来。

第二步,打开口腔。

口腔处于较扁的状态,一方面会影响口腔共鸣,另一方面会压缩舌尖卷起的空间,因此,要注意打开口腔。

打开口腔不是张大嘴,尤其是发"er"音时,如果张大嘴,会影响发音的准确性。

发"er"音时,嘴巴要半开半闭,同时,"后口腔"要适当打开,即上下后槽牙之间的距离要适当加大。这样做,有助于舌尖更轻松地卷起,进而更轻松地发音。

发音要领

发"er"音时舌头卷不起来,往往是因为舌头太硬了。如果发音时舌头硬得像钢板,肯定无法发好卷舌音。要把卷舌音发得准确且自然,关键在于舌头要"软"一些。

练习素材

一、字音矫正练习

"去阳"字音矫正练习

要闻	政权	配合	热诚	共同	措辞	电台	月球	预防	自觉	告别
未来	大节	荡然	断层	治疗	负责	蔚蓝	爱情	调查	会谈	到达
地图	课堂	冻结	肚脐	跳槽	对联	恶毒	放晴

二、诗歌练习

《醉歌》(译文)

[日]岛崎藤村(原文作者)

你我相逢在异域的旅途,
权作一双阔别的知音。
我满眼醉意,将袖中的诗稿,
呈给你这清醒的人儿。

青春的生命是未逝的一瞬,
快乐的春天更容易老尽。
谁不珍惜自身之宝,
一如你脸上那健康的红润。

你眉梢郁结着忧愁,
你眼眶泪珠儿盈盈,
那紧紧钳闭的嘴角,
只无言地叹气唉声。

不要提起荒寂的道途,
不要赴往陌生的旅程,
与其作无谓的叹息,
来呀,何不对着美酒洒泪叙情。

混沌的春日无一丝光辉,
孤寂的心绪也片刻不宁,
在这人世悲哀的智慧中,
我俩是衰老的旅途之人。

啊,快在心中点燃春天的烛火,
照亮那青春的生命。

不要等韶华虚度，百花飘零，
不要悲伤啊，珍重你身。

你目不旁视，踽踽独行，
可哪儿有你去往的前程。
对着这琴花美酒，
停下吧，旅途之人！

第四章

调值及语流音变

第一节　调值

调值，指依附在音节里高低长短的变化的固定格式，即声调的实际音值或读法。

掌握调值的准确发音对汉语学习者来说非常重要，因为相同的音节配上不同的调值，可能对应完全不同的词。例如，"mā"（音同"妈"，一声）、"má"（音同"麻"，二声）、"mǎ"（音同"马"，三声）、"mà"（音同"骂"，四声）和"ma"（轻声）是完全不同的词。

调值的特点

第一，调值与音高强相关，音的高低，在物理上取决于机械波的频率和波长。人们发音时，是靠控制声带的松紧调节声音的高低的。

第二，构成调值的相对音高在读音上是连续的、渐变的，中间没有停顿，也没有跳跃。

调值的标记方法

为了把调值介绍得具体、好懂，我们在此引用四声显像图标记声调，四声显像图如图4-1所示。

四声显像图是史松创制的普通话语音调值标记图像，通过对阴平（55）、阳平（35）、上声（214）、去声（51）对应的调值高度进行标注，让学生清晰、直观地了解各声调的特点。通过观察四声显像图中清晰的声音走势图像，发音者更容易掌握高平调（阴平）、

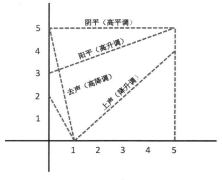

图4-1　四声显像图

高升调（阳平）、降升调（上声）、高降调（去声）的发音控制方法。

四音调呼吸控制特点

一、"阴平"呼吸控制特点

音高且平时，用气方法类似于唱高音时的拖腔用气方法，要尽量保持气流量小、气流力度强、口腔控制力度较强等状态。"阴平"呼吸控制的方法单一，过程中不必有变化，注意，发音时喉头、舌根应尽量放松，喉部努力寻找上下伸长感即可，切记，不可挤压喉部。

二、"阳平"呼吸控制特点

音高且不断上升时，用气要由发中音时适中的流量、力度渐渐向力度加强、流量减小过渡，在此过程中，口腔控制必须渐强，特别是软腭向上挺的力度，要稳稳渐强，总体来说，呼吸控制力度也是渐强的，特别是发到高音顶端时，小腹的给气力度不能弱，尽量让声音从中音到高音过渡的时候像在一个均匀的管子里向上走一样，切忌像在一个如牛角般下宽上窄的管子里向上走一样。注意，若气息力度跟不上发高音的需要，且喉部有扼紧感，声音会变得窄、尖、干、涩，毫无宽柔、圆润、响亮的听感。

三、"上声"呼吸控制特点

无论是从音高控制的角度说，还是从呼吸控制的角度说，上声的发音难度都是很大的，因为上声发音过程中，音高和呼吸节奏都在变化，且变化幅度较大。我们看音高，是先从中低音降到低音，再从低音升到半高音；呼吸控制也有大幅变化，即先从适中的流量、力度变为发低音时较大的流量、较小的力度，再从发低音时较大的流量、较小的力度变为发阳平时逐渐减少流量、增大力度的状态。如果不能正确、熟练地分别掌握发低音、中音、高音时的呼吸状态，做有关上声的夸张练习时，很容易出现声噎、声嘶、气竭的现象。在实际的上声发音控制中，腹肌要先松后紧，口腔则有先紧后松再紧的变化，寻找气息在U形管子里运动的感觉。

四、"去声"呼吸控制特点

从音高控制和呼吸控制方面看，去声发音比较容易把握，但音高逐渐降低且呼吸控制见

松时，很可能出现因气流量过小、力度过小而声音沙涩、闷暗的现象。注意，随着音高降低、呼吸控制见松，气流量应该由小到多，气流力度应该由适中到较强。这一过程中，专业用声者的呼吸控制状态不同于生活中低音说话的状态，呼吸控制应该更强，让气一直拖到音发完——呼吸控制的最后一瞬，要用到类似于"就气"的技巧，不能过早地在音没发完时撤劲。

 练习素材

1. 顺序组合"阴阳上去"词组练习

飞檐走壁	光明磊落	山穷水尽	山明水秀	山盟海誓	千锤百炼	兵强马壮
飞禽走兽	风调雨顺	发凡起例	心怀叵测	心直口快	心明眼亮	妖魔鬼怪
优柔寡断	安常处顺	阴谋诡计	花团锦簇	鸡鸣狗盗	鸡鸣犬吠	妻离子散
呼朋引类	金迷纸醉	经年累月	孤云野鹤	孤行己见	轻裘缓带	胸无点墨
膏粱子弟	深谋远虑	思前想后	身强体壮	心毒手辣	幡然悔悟	灯红酒绿
高朋满座	瓜田李下

2. 逆序组合"去上阳阴"词组练习

逆水行舟	妙手回春	热火朝天	兔死狐悲	驷马难追	信以为真	背井离乡
遍体鳞伤	步履维艰	倒果为因	地广人稀	调虎离山	奋起直追	叫苦连天
救死扶伤	刻骨铭心	墨守成规	木已成舟	暮鼓晨钟	破釜沉舟	梦想成真
瘦水寒山	视死如归	四海为家	痛改前非	万古长青	万马齐喑	下笔成章
物腐虫生	覆水难收	袖手旁观	异口同声	众寡悬殊	字里行间	耀武扬威

第二节　语流音变

语流音变，指在连续发音的过程中，由于受到相邻音素或音节的影响，一些音节的声母、韵母或声调发生变化。

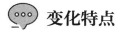 **变化特点**

一、上声的变音规则

情况一：在单念上声音节或上声音节位于句尾时，上声音节的发音不变，仍读本调，例如，"想""理想""好""美好""短""简短""演""表演""取""索取"等。

情况二：上声音节在非上声音节，即阴平、阳平、去声和轻声音节前时，其调值214变为21，也记作"211"，即所谓的"半上"，例如，"朗读""考察""想象""努力""北京""广播"等。

情况三：上声音节与上声音节相连时，前者的调值由214变为35或24，即所谓的"阳上"，例如，"勇敢""领土""鼓掌""总理""彼此""表演"等。

二、去声的变音规则

情况一：去声音节在非去声音节，即阴平、阳平和上声音节前时，其调值保持不变，例如，"音乐""单位""革命""群众""想象""广大"等。

情况二：去声音节与去声音节相连时，前者的调值由全降调变为半降调，即由51变为53，例如，"陆续""见面""互助""示范""电报""破例"等。

三、"啊"的变音规则

情况一："啊"用作尾音音素时，若"啊"前面一个音节的音素是舌尖前音加"i"（前i）的i+a，"啊"变读为[za]，书写为"啊"，例如，"写字啊""儿子啊"等。

情况二："啊"前面一个音节的音素是舌尖后音加"i"（后i）的i+a时，"啊"变读为[ra]，书写为"啊"，例如，"老师啊""好吃啊""大事啊"等。

情况三："啊"前面一个音节的最后一个音素是"ng"的ng+a时，"啊"变读为[nga]，书写为"啊"，例如，"香啊""党啊""冷啊"等。

情况四："啊"前面一个音节的最后一个音素是"n"的n+a时，"啊"变读为[na]，书写为"哪"，例如，"看哪""难哪""人哪"等。

情况五："啊"前面一个音节的最后一个音素是"u"的u（ao、iao）+a时，"啊"变读为[ua]，书写为"哇"，例如，"好哇""高哇""要哇""飘哇"等。

情况六："啊"前面一个音节的最后一个音素是"i""ü""o""e""a""a+a"时，"啊"变读为[ya]，书写为"呀"，例如，"鸡呀""鱼呀""我呀""饿呀""他呀""妈妈呀"等。

四、"一"和"不"的变音规则

情况一:"一"和"不"单念或者用在词句末尾,以及"一"用在序数中时,声调不变,读原调——"一"为阴平(一声)、"不"为去声(四声)。例如,"一、二、三、四""第一""统一""万一""偏不"等。

情况二:"一"和"不"用在去声音节前时,一律变读为阳平(二声)。例如,"一样""一定""一块儿""不怕""不够""不像"等。

情况三:"一"和"不"用在阴平、阳平、上声(三声)音节前时,"一"变读为去声,"不"仍读去声。例如,"一边""一年""一首""不吃""不同""不耻"等。

情况四:"一"和"不"嵌在相同的动词中间时,一律变读为轻声。例如,"想一想""谈一谈""来不来""肯不肯"等。

情况五:"不"在部分补语中变读为轻声。例如,"做不好""来不了"等。

 练习素材

《张果老》

"啪!啪!啪!"

"谁啊 [ya]?"

"张果老(lǎo)啊 [ua]!"

"怎么不进来啊 [ya]?"

"怕狗咬啊 [ua]!"

"衣兜里装的是什么啊 [ya]?"

"大酸枣啊 [ua]!"

"怎么不吃啊 [ra]?"

"怕牙倒啊 [ua]!"

"胳肢窝里夹着的是什么啊 [ya]!"

"破棉袄啊 [ua]!"

"怎么不穿啊 [na]?"

"天太热啊 [ya]!"

"我把狗拴住,快进屋啊 [ua]!"

"那敢情好啊 [ua]!"

第五章

重音、停连、语气及节奏

第一节　重音

重音，一般指词、词汇、句子里重读的音。在朗读或说话中，根据语句目的、思想感情表达的需要，可以用重音对词或短语加以强调。

重音的特点

发音时用力较多、音量较大，且发音时间较长。

常见的四类重音

一、表意重音

表意重音，指讲话者在没有受个人情感影响、没有特别关注句中的某一信息的情况下，对句中所有实词一视同仁地添加的强调。

二、逻辑重音

逻辑重音，又称"对比重音"，指不受语法限制，由句子的潜在含义确定的强调。

三、修辞重音

修辞重音，指朗诵者给予文章中作者使用了修辞手段的词句的强调。

四、感情重音

感情重音，指在有情感抒发需求时，对语句中某些词或词组添加情感色彩的强调。

练习素材

《在风完美的一天》（译文）

[波斯] 鲁米（原文作者）

配乐：*Bell*

当一天，风是完美的，
帆只需要扬起，世界充满美感。
今天就是这样的一天。

我的眼睛像太阳一样承诺，
生命的承诺，它总是信守于每个早晨。

鲜活的心和发光的球体一样，
都赋予我们力量，
用巨大的温柔，抚爱大地。

微风可以进入灵魂。
这样的爱击奏鼓乐，
手臂在我的身边舞动。
有谁能在我的佳丽面前无动于衷？

平和固然美好，
欣喜若狂的舞蹈有更多欢乐、更少自恋。
它让我们的唇，更惹人爱。

在风完美的一天，
帆只需要扬起，爱开始启动。
今天就是这样的一天。

第二节　停连

在播音、朗诵时，语言部分之间、层次之间、段落之间、语句之间、词组/词之间……有声语言中总会有休止、中断的地方，时间有长有短，都属于"停"。

有声语言中不休止、不中断的地方，特别是文字稿件中有标点符号但不休止、不中断的地方，都属于"连"。

停连的要义

停顿和连接，都是在有声语言行进过程中传达语意、抒发感情的方法。无论是停还是连，都要在充分理解思想感情的发展变化的基础上确定，不是随意确定的。

停连的特点

停连，是用有声语言表达思想感情的重要技巧。在播音语流中，声音的休止、中断，属于停顿；有标点符号但不休止、不中断，属于连接。停连的确定，要注意按文意、合文气、顺文势，完全服从思想感情表达的需要。

停连的种类

一、区分性停连

1.定义

区分性停连，是在有声语言的行进过程中，能区分语意、符合听觉习惯、有助于受众理解语言内容的停连。

2. 作用

使用区分性停连，有助于区分语言序列中的成分，清晰表达语意。若区分过细或不加区分，很可能导致语意模棱两可。

3. 特点

区分性停连是在将书面文字转化为有声语言的过程中对一个个汉字进行再创造式的组合、贯通的技巧。区分性停连的用法比较多，也比较灵活，文章中，词与词之间、短语与短语之间、句与句之间、层与层之间、部分与部分之间，都可能有区分性停连。

二、呼应性停连

1. 定义

呼应性停连，是在有声语言的行进过程中，有前呼后应性质的停连。

2. 作用

在有声语言的行进过程中，有呼无应和有应无呼都会造成语言序列紊乱，给受众以前言不搭后语之感，严重时甚至会造成逻辑链条残缺。呼应性停连在有声语言的行进过程中有重要作用，合理使用呼应性停连，可以使文章的层次更清楚、结构更完整。

3. 特点

有声语言的行进有前呼后应的特点，使用呼应性停连，可以解决哪个词是"呼"、哪个词是"应"、二者如何呼应等问题。"呼"和"应"是一种内在联系的外在表现，文章中，有呼无应，会显得不完整；有应无呼，会显得没头脑。使用呼应性停连，主要是凸显呼应关系，消除文章的"前言不搭后语"之感。

三、并列性停连

1. 定义

并列性停连，是用于在有声语言的行进过程中突显并列关系的停连。

2. 作用

文章中有较多的并列成分时，停顿不宜生硬。并列成分彼此有关联时，可将相近的并列成分归为一组，组内并列成分间的停顿时间稍短，各组间的停顿时间相对较长；并列成分彼此无关联时，可以根据数量为所有并列成分分组，尽量避免各组内的并列成分数量相

同，以减少一板一眼、过于死板的感觉。

3. 特点

并列性停连，主要用在文章中同等位置、同等关系、同等样式的词语之间，以突显它们的并列关系。

四、分合性停连

1. 定义

分合性停连，是用于在有声语言的行进过程中突显语言序列的分合关系的停连。

2. 作用

文章中，有并列关系的成分前，往往有领属性词语；有并列关系的成分后，往往有总括性词语。使用分合性停连，可以引出领属性词语，也可以带出总括性词语。

3. 特点

领属性词语之后、总括性词语之前，都有较长时间的停顿，比并列关系的成分之间的停顿长。分合性停连包括先分后合、先合后分两种情况，合 + 分 + 合是这两种情况的综合。合理把握分合关系，有利于语言链条的完整。

五、强调性停连

1. 定义

强调性停连，是用于在有声语言的行进过程中强调某个词、某个词组、某个句子、某个层次的停连。

2. 作用

使用强调性停连，可以突显所强调的词句，让句子的表意更清晰、合理。

3. 特点

要强调的成分之前、之后，都可以使用强调性停连，在要强调的成分前后同时使用强调性停连也是可以的。与之相比，不需要强调的成分之间停顿时间比较短，甚至不停顿。强调性停连常和重音结合使用。

六、判断性停连

1. 定义

判断性停连,是用于在有声语言的行进过程中填补思想感情表述的空白、连接语意通达的情感短句的停连。

2. 作用

用于在有声语言的行进过程中填补思想感情表述的空白、连接语意通达的情感短句的停连,是在有声语言的行进已经"明其意"的情况下使用的,要表现的是"成于思",即相关内容有思维过程。使用判断性停连,可以体现思索、判断的过程。

3. 特点

判断性停连的使用重点是体现思维过程,使用时要避免"走过场"和"乱判断"。此事物到底是什么样的?思维过程到底是什么样的?预判读者可能有类似困扰时,即可使用判断性停连。

七、转换性停连

1. 定义

转换性停连,是用于在有声语言的行进过程中表达由一个意思转为另一个意思、由一种感情转为另一种感情的转换关系的停连。

2. 作用

在文章内容有情绪变化的情况下,有声语言的行进必须有同频波动。若文章中没有"但是""然而"等关联词,转换性停连可发挥同等作用。

3. 特点

转换性停连的使用重点是表现语意、文势、感情,这种停连的使用场景较多,层与层之间、段与段之间、句与句之间都可以有转换性停连。

八、生理性停连

1. 定义

生理性停连,是用于在有声语言的行进过程中为表现因人物有生理上的异态而出现的

语流不畅、断断续续的状态使用的停连。

2. 作用

使用生理性停连，有生动、感人的效果，但使用时需要注意：语意不能模糊，必须突出"神似"，对于生命垂危的状态可稍作渲染。

3. 特点

使用生理性停连，以给出象征性的表现为主，不建议出现夸张的呼气、吸气声音。生理性停连，需要在有一定的感情色彩渲染的基础上使用，重点是表现人物的情绪、说话的状态，至于说的内容是什么，点到为止即可。所谓"点到为止"，就是抓住一两个重点词或词组，稍加停顿，给听者传递有生理变化的感觉，不必自始至终、一字一句地模拟相关的声音形态、气息状态。

九、回味性停连

1. 定义

回味性停连，是用于在有声语言的行进过程中表达对作品的理解，给受众提供想象、回味的时间的停连，使用目的是让受众对作品产生更多的情感共鸣。

2. 作用

使用回味性停连，能够给受众足够的回味余地，制造"余音绕梁"的效果。

3. 特点

回味性停连，一般在需要受众展开想象、进行深思的地方使用。使用回味性停连时要注意，停的时间要足够，以免受众还没有完全进入回味状态就被强行拽出。

十、灵活性停连

1. 定义

灵活性停连，是用于在有声语言的行进过程中增加语言艺术的生命力，合理处理作品的情感变化的停连。

2. 作用

使用灵活性停连，可以让停连更自然、顺畅，从文章内容出发，在允许的范围内，增加语言艺术的生命力,做到"活而不乱""出奇制胜"。

3. 特点

有声语言的行进应该生动、吸引受众,任何停连都不应该是呆板的、生硬的。在停连的处理方面,没有万能的公式,不同人的文化修养不同、声音条件不同,表达方法不可能完全相同。多种停连技巧,相互之间是有渗透、有交叉的,在语意清晰、语言链条完整、思想感情表达无误的基础上,或移动停顿位置,或调整停顿时长,灵活处理,即可给受众新鲜的感觉。

 练习素材

1. 区分性停连练习素材

《你像是用麦管吮吸我的心灵》(译文)

[苏] 安娜·安德烈耶夫娜·阿赫玛托娃(原文作者)

你像是用麦管吮吸我的心灵,
我知道,它的味苦且醉人,
但我不哀求你停止你的折磨。
啊,我那很多个星期的平静!
说吧,你什么时候吮吸完毕,
世上没有我的心也并不可惜。
我要走上一小段路程,
去看孩子们在做些什么游戏。
灌木丛里,醋栗树开始开花了,
孩子们在围墙那边搬运砖头。
你是谁?我的兄弟还是情人?
我既不记得,也不必回首。
在这里休息着我疲惫的身体,
多么愉快啊,可没有归宿……
过路的人们模糊地猜想:
她一定是昨天刚刚成了寡妇。

2. 呼应性停连练习素材

《高高的天上浮云变得灰暗》（译文）

[苏]安娜·安德烈耶夫娜·阿赫玛托娃（原文作者）

高高的天上浮云变得灰暗，

好像铺开一张松鼠的毛皮。

他对我说过："娇弱的白雪公主，

别害怕你的身体会融化在三月里！"

戴上毛茸茸的皮笼，双手还是冰冷的。

我感到害怕，感到有些迷离。

啊，他那如烟的、短暂的爱情，

叫我怎样去唤回那飞逝的几个星期！

我既不愿意痛苦，也不希望报复，

哪怕在最恶劣的暴风雨里死去，

洗礼节前夕，我还曾为他占卜。

一月里，我曾经是他的异性伴侣。

3. 并列性停连练习素材

《门儿半开半掩着》（译文）

[苏]安娜·安德烈耶夫娜·阿赫玛托娃（原文作者）

门儿半开半掩着，

菩提树和畅地拂动着……

被忘掉的马鞭和手套，

在桌子上面摆着。

灯儿闪着黄色的光晕，

我倾听着沙沙的声音。

你为什么走了啊？

我真是弄不清……

早晨，明天的早晨，

又会快乐且光明。

这生命是多么美好，

我的心啊，你要聪明。

你压根儿就是疲倦了,
跳得轻了、静了……
你知道吗?
书上说的,灵魂永远不会死掉。

4. 分合性停连练习素材

《爱情》(译文)

[苏]安娜·安德烈耶夫娜·阿赫玛托娃(原文作者)

时而,小蛇似的蜷作一团,
在心灵深处施展魔法。
时而,整日里像只小鸽,
在洁白的小窗上咕咕絮聒。
时而,在晶莹的寒霜里闪光,
又好像沉入了紫罗兰的梦。
然而,一定会,而且会悄悄地,
使你没有欢乐,没有安宁。
伴着忧郁的、祈祷的琴声,
它的怨诉多么甜蜜,可又多么可怕。
要把它猜出来,
从那还很陌生的微笑里。

5. 强调性停连练习素材

《我披着深色的披巾捏住他的双手》(译文)

[苏]安娜·安德烈耶夫娜·阿赫玛托娃(原文作者)

我披着深色的披巾,捏住他的双手,
"今天,你的脸色为什么惨白忧愁?"
原来是我让他饱尝了,
心灵的苦涩痛楚。
怎能忘记啊,他摇摇晃晃地往前走,
扭歪了嘴唇,是那样的难受。
我往楼下直奔,连扶手也忘记扶,

跟着他一口气跑到了大门口。

我一边喘气,一边喊叫:

"过去那些事都只是玩笑。你走,我就会死掉!"

他对我说:"你别站在风口!"

平静而又痛苦地笑了笑。

6. 判断性停连练习素材

《海滨十四行诗》(译文)

[苏]安娜·安德烈耶夫娜·阿赫玛托娃(原文作者)

这里的一切将比我活得更长久,

一切,即便是破旧的鸟巢,

以及这空气,春天的空气,

它刚好完成了越海的飞行。

而一个永恒的声音在呼唤,

蕴含着非尘世的不可抗拒性。

在鲜花盛开的樱桃树上空,

轻盈的月亮流溢着清辉。

这条路看起来是那么容易,

在碧绿的密林深处闪烁着白光。

我并不知道它通向何方……

那里,树干之间更为明亮,

一切仿佛在林荫小道上,

就在皇村的池塘旁。

7. 转换性停连练习素材

《前所未有的秋天建造了高高的穹顶》(译文)

[苏]安娜·安德烈耶夫娜·阿赫玛托娃(原文作者)

前所未有的秋天建造了高高的穹顶,

这个穹顶受命不能遮挡云彩。

人们感到惊奇:

九月时节已经来临,

冰凉、潮湿的日子究竟跌落在了哪里？

混浊的渠水变得一片碧，

荨麻的芬芳，比玫瑰更加浓郁。

魔鬼的红霞，不可忍受，令人窒息，

我们所有人都会终身铭记在心。

太阳就像一名闯入首都的暴徒，

春天似的秋天那么急切地抚爱着它，

看起来仿佛是雪花莲泛着白光……

此刻，安静的你，踏上了我的台阶。

8. 生理性停连练习素材

《三个秋天》（译文）

［苏］安娜·安德烈耶夫娜·阿赫玛托娃（原文作者）

我根本不理解夏天的微笑，

我也找不到冬天的秘密，

但我几乎可以准确无误地，

观察到每年的三个秋天。

第一个——喜庆日似的无序，

故意惹怒昨天的夏季，

树叶飘飞，如同笔记本的碎片，

烟雾的气息恰似芬芳的安息香，

一切都显得湿润、明亮、色彩缤纷。

白桦树林最早翩然起舞，

披上一身透明的衣饰，

匆忙抖落短暂的泪珠，

越过篱笆，洒向女邻居。

但经常如此，故事才开始，

一秒钟，一分钟……

于是，

第二个秋天来临，

平静有如良知。

幽暗如同空中的偷袭。
一切都变得更苍白和恐怖,
夏天的惬意被全然扒净,
金色小号,远方的齐鸣,
在馥郁的雾霭中漂浮。
崇高的天穹被淹没,
芬芳的祭香、冰凉的波涛,
但风骤然刮起,一切都敞开——
一切变得很清晰:
悲剧谢幕。
可这已并非第三个秋天,而是死亡。

9. 回味性停连练习素材

《一棵老橡树在絮叨往事》(译文)

[苏]安娜·安德烈耶夫娜·阿赫玛托娃(原文作者)

一棵老橡树在絮叨往事,
月亮懒洋洋,将光线抛射。
我从来不曾以幻想,
来触及你双唇的芳泽。
浅紫的面纱裹紧苍白的额头,
你和我在一起,安静、病态。
手指冰凉,不住地颤抖,
令人想起你手掌的纤瘦。
我已沉默那么多沉重的岁月,
相会的尝试还不曾放弃。
很早我就已知道你的答案:
我爱,却不曾为人所爱。

10. 灵活性停连练习素材

《我见过冰雹之后的原野》（译文）

[苏]安娜·安德烈耶夫娜·阿赫玛托娃（原文作者）

我见过冰雹之后的原野，

和感染了鼠疫的畜群。

我也见过葡萄一串又一串，

当秋寒袭来的时辰。

我还记得，静夜里，

草原上的烈火，如幻如梦……

但我觉得恐怖的是，

你受尽煎熬的灵魂被洗劫一空。

乞丐众多，那就成为一名乞丐吧——

睁开你无泪可流的双眼，

让它们呆滞的绿松石微光，

来照亮我的住处。

第三节　语气

有声语言的语气主要由语调决定。

有声语言的语气可大致分为陈述、疑问、祈使、感叹等几大类，本节针对典型的陈述语气和疑问语气进行介绍。

 语气的种类

一、陈述语气

陈述语气用于直陈事实，或肯定，或否定。有时使用陈述语气是单纯地报道事实或给

出意见，有时使用陈述语气可添加某种感情色彩。

陈述语气的有声语言中，常有"了""呢""吧""啊""嘛"等语气词。

二、疑问语气

疑问句可分为有疑而问和无疑而问两大类，无疑而问即反问，有疑而问则包括是非问、特指问和选择问3种问法。

是非问疑问句的结构与陈述句相同，换句话说，将一个陈述句用疑问句的语调说出来，就变成了是非问疑问句。注意，是非问疑问句中的语气词可以是"吗"，不能是"呢"；句中可以有"的确""真的"等副词，不能有"到底""究竟"等副词；一般可以用"嗯""是的""不是"等词完成回答。例如，"你好吗？""你喜欢看电影吗？""你真的要带我走吗？"等。

特指问疑问句中往往有疑问代词，用于指明疑问点。特指问疑问句中的疑问点可以不止一个，语气词一般用"呢"，不用"吗"。回答特指问疑问句，一般不能使用"嗯""是的""不是"等词。例如，"你是给谁买的呢？""他明天什么时候、坐哪趟车去北京呢？"等。

选择问疑问句，即句中有几个并列项目，或一件事的正反两个方面，要求对方选定其一来回答的疑问句，基本格式是"（是）甲还是乙"。选择问疑问句和特指问疑问句一样，不能用"嗯""是的""不是"等词完成回答。如果要在选择问疑问句中使用语气词，可以用"呢"，一般不用"吗"。例如，"这件事让我去办行不行（呢）？""是努力提高呢，还是努力普及呢？""他是去广州、去长沙，还是去上海（呢）？"等。

以上3种疑问句，都是要求对方回答的疑问句。

反问疑问句是在用疑问句的形式表达陈述句的内容，一般不需要回答。反问疑问句的特点是字面意思是肯定的时，实际意思是否定的；字面意思是否定的时，实际意思是肯定的。

 语气的使用技巧

语气的使用技巧见表5-1。

表 5-1　语气的使用技巧对照表

气息特点	声音状态	给听众的感觉	表达的思想感情
气徐	声柔	温和的感觉	爱的感情
气促	声硬	挤压的感觉	憎的感情
气小	声缓	迟滞的感觉	悲的感情
气满	声大	跳跃的感觉	喜的感情
气提	声凝	紧缩的感觉	惧的感情
气急	声促	紧迫的感觉	急的感情
气粗	声躁	喷怒的感觉	怒的感情
气细	声微	踌躇的感觉	疑的感情
气少	声平	沉着的感觉	稳的感情
气多	声急	烦躁的感觉	焦的感情

第四节　节奏

节奏，不仅与讲话语速的快慢有关，还与语势变化过程中的起伏强弱有关。

 朗诵节奏的 6 种类型

一、轻快型

轻快型朗诵节奏的特点：语速快，语势多扬少抑、多轻少重，声轻且不着力，语言密度大。
轻快型朗诵节奏多用于表达欢快、诙谐的感情。

二、凝重型

凝重型朗诵节奏的特点：语势沉缓、多抑少扬、多重少轻，音强且着力。
凝重型朗诵节奏的声音色彩通常是浓重的。

三、舒缓型

舒缓型朗诵节奏的特点：语速较缓，语势平稳，声音轻柔且不着力。

舒缓型朗诵节奏常用于表现美丽的景色或幽静的场面，有时也用于表达特别放松的美好心情。

四、紧张型

紧张型朗诵节奏的特点：语速特别快，语势多扬少抑、多重少轻，声音强劲有力、停顿时间短，语言密度大。

紧张型朗诵节奏常用于表现紧迫的情形，或者抒发激越的情怀。

五、高亢型

高亢型朗诵节奏的特点：语速偏快，重点处的语气大多是积极向上、斗志昂扬的，声音多明亮、高昂。

高亢型朗诵节奏特别适合用于表现峰峰相连、扬上加扬、势不可挡类的感情状态。

六、低沉型

低沉型朗诵节奏的特点：语速较缓，语势类似落潮，声音偏沉、偏暗，句尾的落点多显得较为沉重。

朗诵节奏的使用重点

朗诵节奏要与作品基调相适应，且合乎作品的语义、情感、逻辑关系。朗诵时，要重点控制好声音的收与放，同时关注节奏的韵律变化，情感的强弱、高低，以及整体的和谐性。

朗诵节奏的基本转换形式

朗诵节奏的基本转换形式为欲扬先抑/欲抑先扬、欲快先慢/欲慢先快、欲重先轻/欲轻先重。

第六章

朗诵技巧

第一节　朗诵基调

朗诵基调不仅与声音的高低、强弱有关，还与作品的基本情感、所表达的态度有关，既包含喜、怒、哀、乐、忧、思、恐，又涉及态度上的肯定、否定、疑问、批评等。不同的作品有不同的朗诵基调，同一作品的朗诵基调是不可轻易调整、变化的。

朗诵的 20 种基调

一、清新舒展型

清新舒展型朗诵的特点：声音柔和、抒情，音量较小，气息深且长。

二、高亢明亮型

高亢明亮型朗诵的特点：声音庄重、大方，出字、立字、归音均极准确，力度均匀，颗粒感强，有穿透力，气息要平稳、扎实，气要托声，一般以 90% 的实声为主、10% 的虚声为辅。

高亢明亮型朗诵对应的作品一般是慷慨激昂的。

三、热情赞美型

热情赞美型朗诵的特点：声音柔中有刚，切忌干涩，咬字的力度较大，气息沉实且不间断。

四、义正辞严型

义正辞严型朗诵的特点：声音坚定、有力、有节制，吐字圆润、饱满，气息沉稳、扎实，有丹田气支撑，以实声为主，切忌不科学地高声嘶喊。

五、低沉悲痛型

低沉悲痛型朗诵的特点：一般使用较暗、较低沉、偏虚的声音处理作品，胸腔共鸣较多，节奏偏慢，出字较缓，有时是声伴字，有时是字伴气，可以使用气泡音哭泣发声，也可以间断式发声，气息可适当颤抖。

低沉悲痛型朗诵对应的作品一般有较浓厚的悲伤、痛苦的感情色彩，对朗诵者的技术要求较高。朗诵相关作品时，朗诵者不仅要巧妙用情、声、气，还要有比较低沉的心情，同时在脑海中对相关画面进行情景再现。

六、轻松活泼型

轻松活泼型朗诵的特点：用声比较轻，音高但柔软，气息灵活多变，有偷气、抢气、叹气、大吸气等多种技巧的应用，口腔状态比较松弛，舌头灵活，口唇有力，发音时的嘴巴状态就像蹦豆一样，朗诵效果是俏皮、欢快的，要昂扬向上。

轻松活泼型朗诵对应的作品多有兴奋、热情洋溢的感觉，很适合女生朗诵。

七、低沉压抑型

低沉压抑型朗诵的特点：用声较弱、偏沉，吐字通常伴着叹息声，咬字要迟滞，气息要沉缓，最好伴有句中顿挫和间歇。

低沉压抑型朗诵基调与低沉悲痛型朗诵基调既有相似点，又有明显区别——低沉悲痛型朗诵基调对应的作品悲伤、痛苦的色彩比较浓，朗诵者的心情多为悲痛、沉痛；低沉压抑型朗诵基调对应的作品的感情色彩则多为忧伤、凄苦，是"愁"，不是"痛"。

八、骄傲自豪型

骄傲自豪型朗诵的特点：声音宽厚、明亮，吐字清晰、饱满、圆润，气息深厚、扎实、畅通。

骄傲自豪型朗诵对应的作品多有大格局，例如，歌颂党、歌颂祖国的作品。

九、深沉宁静型

深沉宁静型朗诵的特点：声音偏虚、柔软，吐字清晰，颗粒感强，节奏偏慢，可以进行拉长尾音处理，气息深、匀，控制力强，有声断气不断之感。

深沉宁静型朗诵对应的作品大多有平和、宁静的风格特点。

十、精神振奋型

精神振奋型朗诵的特点：声音高亢、明亮，以实声为主，气息扎实，咬字力度较强，发音清晰、准确、干净、利落。

精神振奋型朗诵对应的作品大多有激动人心、鼓舞士气的风格特点。

十一、深切缅怀型

深切缅怀型朗诵的特点：声音偏低沉、柔和，气息深沉，节奏缓慢、含蓄，吐字归音准确，发声状态与作品情感线的发展状态一致。

深切缅怀型朗诵对应的作品大多以深情怀念过去的人、事、物为主题。

十二、风情风趣型

风情风趣型朗诵的特点：朗诵过程中需要通过声位的转换、节奏和气息的变化完成音色的变化。

风情风趣型朗诵对应的作品大多以讲故事为主要内容，行文风趣、幽默，会在表现人物间的亲密关系和情感方面下力气，因此，朗诵者需要用不同的音色区分不同的角色。例如，老太太、青年人、小孩子的音色是截然不同的。

十三、启发诱导型

启发诱导型朗诵的特点：声音柔和，切忌生硬，以实声为主，吐字清晰、热情、诚恳，气息舒长、饱满。

启发诱导型朗诵对应的作品的语言大多有轻快、循循善诱的特点，通过真诚讲述人生感悟和个人观点，让听众有所共鸣。

十四、坚定昂扬型

坚定昂扬型朗诵的特点：声音由弱变强、由虚声逐渐转换为实声，后半程的声音多高亢、明亮。

坚定昂扬型朗诵对应的作品一般有坚定的信念做内核，会表达坚决、不可动摇的信心。

十五、亲切自然型

亲切自然型朗诵的特点：声音舒缓、平和，以实声为主、虚声为辅，吐字清晰、流畅，气息偏弱。

亲切自然型朗诵对应的作品服务性较强，一般有亲切、自然、口语化的特点，以便听众喜欢听、乐于听。

十六、庄重严肃型

庄重严肃型朗诵的特点：用声偏厚重，90%为实声，吐字有力、干净、利落，节奏明快。

庄重严肃型朗诵对应的作品多有郑重、严肃的特点，朗诵时不可强行进行幽默、诙谐处理。

十七、批评教育型

批评教育型朗诵的特点：多用中声区发声，以实声为主，吐字平稳、有力。

批评教育型朗诵对应的作品大多比较严肃，内含批评意味较强的内容。

十八、悲愤激扬型

悲愤激扬型朗诵的特点：用声偏刚硬、宽厚，胸腔共鸣较多，朗诵至情感极致处，可做牙关收紧、气息加强的处理。

悲愤激扬型朗诵对应的作品以表达痛恨的情感为主，通常有对敌寇恨之入骨的感情、要报仇雪恨的感情，或者表达对于收复失去的土地有不可动摇的决心的感情。

十九、热情歌颂型

热情歌颂型朗诵的特点：用声高亢，气息变化幅度大，吐字有力，语速稍慢。

热情歌颂型朗诵对应的作品多以歌颂值得赞美的人、事为主题，例如，歌颂见义勇为的英雄、劳动模范等。

二十、热情欢呼型

热情欢呼型朗诵的特点：用声偏高亢，口腔开度较大，气息较重。

热情欢呼型朗诵对应的作品一般有振奋人心、鼓舞士气的特点。

练习素材

1. 清新舒展型朗诵练习素材

《在天晴了的时候》

戴望舒

在天晴了的时候,
该到小径中去走走:
给雨润过的泥路,
一定是凉爽又温柔;
炫耀着新绿的小草,
已一下子洗净了尘垢;
不再胆怯的小白菊,
慢慢地抬起它们的头,
试试寒,试试暖,
然后一瓣瓣地绽透;
抖去水珠的凤蝶儿,
在木叶间自在闲游,
把它的饰彩的智慧书页,
曝着阳光一开一收。

到小径中去走走吧,
在天晴了的时候:
赤着脚,携着手,
踏着新泥,涉过溪流。

新阳推开了阴霾了,
溪水在温风中晕皱,
看山间移动的暗绿——
云的脚迹——它也在闲游。

2. 高亢明亮型朗诵练习素材

《帆》（译文）

[俄] 米哈伊尔·尤里耶维奇·莱蒙托夫（原文作者）

蔚蓝的海面雾霭茫茫，

孤独的帆儿闪着白光！

到遥远的异地，它在寻找什么？

它把什么抛弃在故乡？

呼啸的海风翻卷着波浪，

桅杆弓着腰，嘎吱作响……

它不是在寻找幸福，

也不是在幸福中逃亡！

底下是比蓝天清澈的碧流，

头上泼洒着金灿灿的阳光……

不安分的帆儿却渴求风暴，

仿佛风暴里有宁静蕴藏！

3. 热情赞美型朗诵练习素材

《眼》

戴望舒

在你的眼睛的微光下，迢遥的潮汐升涨：

玉的珠贝，青铜的海藻……

千万尾飞鱼的翅，

剪碎分而复合的，顽强的渊深的水。

无渚涯的水，暗青色的水！

在什么经纬度上的海中，

我投身又沉溺在——

以太阳之灵照射的诸太阳间，

以月亮之灵映光的诸月亮间，

以星辰之灵闪烁的诸星辰间？

于是我是彗星，

有我的手，有我的眼，并尤其有我的心。

我晞曝于你的眼睛的苍茫朦胧的微光中，

并在你上面，

在你的太空的镜子中鉴照我自己的透明而畏寒的火的影子，

死去或冰冻的火的影子。

我伸长，我转着，我永恒地转着，

在你的永恒的周围并在你之中……

我是从天上奔流到海，从海奔流到天上的江河，

我是你每一条动脉，每一条静脉，每一个微血管中的血液，

我是你的睫毛（它们也同样在你的眼睛的镜子里顾影），

是的，你的睫毛，你的睫毛，

而我是你，

因而我是我。

4. 义正辞严型朗诵练习素材

《我的"自白"书》

陈然

任脚下响着沉重的铁镣，

任你把皮鞭举得高高，

我不需要什么"自白"，

哪怕胸口对着带血的刺刀！

人，不能低下高贵的头，

只有怕死鬼才乞求"自由"；

毒刑拷打算得了什么？

死亡也无法叫我开口！

对着死亡我放声大笑，

魔鬼的宫殿在笑声中动摇；

这就是我——一个共产党员的"自白"，

高唱凯歌埋葬蒋家王朝！

5. 低沉悲痛型朗诵练习素材

《自由颂》（译文）

[俄]亚历山大·谢尔盖耶维奇·普希金（原文作者）

去吧，从我的眼前滚开，
柔弱的西色拉岛的皇后！
你在哪里？对着帝王的惊雷，
啊，你是骄傲的自由的歌手？
来吧，把我的桂冠扯去，
把娇弱无力的竖琴打破……
我要给世人歌唱自由，
我要打击皇位上的罪恶。
请给我指出那个高尚的高卢人的高贵足迹，
你使他唱出勇敢的赞歌，
面对光荣的苦难而不惧。
战栗吧！世间的专制暴君，
无常的命运暂时的宠幸！
而你们，匍匐着的奴隶，
听啊，振奋起来，觉醒！
唉，无论我向哪里望去——
到处是皮鞭，到处是铁掌，
对于法理的致命的侮辱，
奴隶软弱的泪水汪洋；
到处是不义的权力，
在偏见的浓密的幽暗中登了位——
靠奴役的天才，
和对光荣的致命的热情。
要想看到帝王的头上没有人民的痛苦压积，
那只有当神圣的自由和强大的法理结合在一起；
只有当法理以坚强的盾保护着一切人，
它的利剑被忠实的公民的手紧握，

挥过平等的头上，毫无情面；
只有当正义的手把罪恶从它的高位向下挥击，
这只手啊，
它不肯为了贪婪或者畏惧而稍稍姑息。
当权者啊！
是法理，不是上天给了你们冠冕和皇位，
你们虽然高居于人民之上，但该受永恒的法理支配。
啊，不幸，那是民族的不幸，
若是让法理不慎瞌睡；
若是无论人民或帝王能把法理玩弄于股掌内！
关于这，我要请你作证，
哦，光荣的过错的殉难者，
在不久以前的风暴里，
你帝王的头为祖先而跌落。
在无言的后代的见证下，
路易昂扬地走向死亡，
他把失去了皇冠的头垂放在背信的血腥刑台上；
法理沉默了，
人们沉默了，
罪恶的斧头降落了……
于是，在带枷锁的高卢人身上覆下了恶徒的紫袍。
我憎恨你和你的皇座，
专制的暴君和魔王！
我带着残忍的高兴看着你的覆灭，
你子孙的死亡。
人们会在你的额上读到人民的诅咒的印记，
你是人间对神的责备，
自然的耻辱，人间的瘟疫。
当午夜的天空的星星在幽暗的涅瓦河上闪烁，
而无忧的头被平和的梦压得沉重，静静地睡着，

沉思的歌者却在凝视一个暴君的荒芜的遗迹，

一个久已弃置的宫殿在雾色里狰狞地安息。

他还听见，在可怕的宫墙后，

克里奥的令人心悸的宣判，

卡里古拉的临终时刻在他眼前清晰地呈现。

他还看见，披着肩绶和勋章，

一群诡秘的刽子手走过去，

被酒和恶意灌得醉醺醺，

满脸骄横，心里是恐惧。

不忠的警卫沉默不语，

高悬的吊桥静静落下，

在幽暗的夜里，

两扇宫门已被收买的内奸悄悄打开……

噢，可耻！

我们时代的暴行！

像野兽，是土耳其士兵！

不荣耀的一击降落了……

戴王冠的恶徒死于非命。

接受这个教训吧，帝王们！

今天，

无论是刑罚，是褒奖，

是血腥的囚牢，还是神坛，

全不能作你们真正的屏障；

请在法理可靠的荫蔽下，首先把你们的头低垂，

如是，

人民的自由和安宁才是皇座的永远的守卫。

6. 轻松活泼型朗诵练习素材

《你如果怀着温柔的美》（译文）

[俄] 亚历山大·谢尔盖耶维奇·普希金（原文作者）

你如果怀着温柔的美，

当感受一颗疼痛的心。
你如果曾使别人怨恨，
当永远惧怕这些罪愆。
你如果难过，
若能够记起陷在隐痛中的人，
那我何必在这纸页上留下我对往昔的追忆。

7.低沉压抑型朗诵练习素材

《横越大海》（译文）

[英]阿尔弗雷德·丁尼生（原文作者）

夕阳西下，金星高照，
好一声清脆的召唤！
但愿海浪不呜呜咽咽，
我将越大海而远行；

流动的海水仿佛睡了，
再没有涛声和浪花，
海水从无底的深渊涌来，
却又转回了老家。

黄昏的光芒，晚祷的钟声，
随后是一片漆黑！
但愿没有道别的悲哀，
在我上船的时刻；

虽说洪水会把我带走，
远离时空的范围，
我盼望见到我的舵手，
当我横越了大海。

8.骄傲自豪型朗诵练习素材

《我的名字对你有什么意义》(译文)

[俄]亚历山大·谢尔盖耶维奇·普希金(原文作者)

它会死去,
像大海拍击海堤,
发出的忧郁的汩汩涛声,
像密林中幽幽的夜声。
它会在纪念册的黄页上,
留下暗淡的印痕,
就像用无人能懂的语言,
在墓碑上刻下的花纹。
它有什么意义?
它早已被忘记,
在新的激烈的风浪里。
它不会给你的心灵,
带来纯洁、温柔的回忆。
但是,
在你孤独、悲伤的日子里,
请你悄悄地念一念我的名字,
并且说:"有人在思念我,
在世间,我活在一个人的心里。"

9.深沉宁静型朗诵练习素材

《往事》(译文)

[俄]亚历山大·谢尔盖耶维奇·普希金(原文作者)

一切都已结束,
不再藕断丝连。
我最后一次拥抱你的双膝,
说出令人心碎的话语。
一切都已结束,
回答我已听见,

我不愿再一次将自己欺骗。
也许，往事终会将我遗忘，
我此生与爱再也无缘。

10.精神振奋型朗诵练习素材

《致大海》（译文）

[俄]亚历山大·谢尔盖耶维奇·普希金（原文作者）

再见吧，自由奔放的大海！
这是你最后一次在我的眼前，
翻滚着蔚蓝色的波浪，
闪耀着娇美的容光。
好像是朋友忧郁的怨诉，
好像是他在临别时的呼唤，
我最后一次倾听你悲哀的喧响，
你召唤的喧响。
你是我心灵的愿望之所在呀！
我时常在你的岸旁，
一个人静悄悄地、茫然地徘徊，
还因为那个隐秘的愿望而苦恼、心伤！
我多么热爱你的回音，
热爱你阴沉的声调，
热爱你的深渊的音响，
还有那黄昏时分的寂静，
那反复无常的激情！
渔夫们的温顺的风帆，
靠了你的任性的保护，
在波涛间勇敢地飞航；
但当你汹涌起来而无法控制时，
大群的船只就会覆亡。
我曾想永远地离开你这寂寞和静止不动的海岸，
怀着狂欢之情祝贺你，

并任我的诗歌顺着你的波涛奔向远方，
但是我未能如愿以偿！
你等待着、你召唤着……
我却被束缚住；
我的心灵的挣扎完全归于枉然：
我被一种强烈的热情所魅惑，
使我留在你的岸旁……
有什么好怜惜呢？
现在哪儿才是我要奔向的无忧无虑的路径？
在你的荒漠之中，
有一样东西曾使我的心灵为之震惊。
那是一处峭岩，
一座光荣的坟墓……
在那儿，沉浸在寒冷的睡梦中的，
是一些威严的回忆；
拿破仑就在那儿消亡。
在那儿，他长眠在苦难之中。
紧跟他之后，正像风暴的喧响一样，
另一个天才，飞离我们而去，
他是我们思想上的另一个君主。
为自由之神所悲泣着的歌者消失了，
他把自己的桂冠留在世上。
阴恶的天气，
喧腾起来吧，激荡起来吧：
哦，大海呀，是他曾经将你歌唱。
你的形象反映在他的身上，
他用你的精神塑造成长：
正像你一样，
他威严、深远而深沉，
正像你一样，

什么都不能使他屈服投降。

世界空虚了,

大海呀,你现在要把我带到什么地方?

人们的命运到处都是一样:

凡是有着幸福的地方,

那儿早就有人在守卫:

或许是开明的贤者,

或许是暴虐的君王。

哦,再见吧,大海!

我永远不会忘记你庄严的容光,

我将长久地、长久地倾听你在黄昏时分的轰响。

我整个心灵充满了你,

我要把你的峭岩、你的海湾、你的闪光、你的阴影,

还有絮语的波浪,

带进森林,带到那静寂的荒漠之乡。

11.深切缅怀型朗诵练习素材

《致凯恩》(译文)

[俄]亚历山大·谢尔盖耶维奇·普希金(原文作者)

我记得那美妙的一瞬:

在我的面前出现了你,

有如昙花一现的幻影,

有如纯洁至美的天仙。

在那无望的忧愁的折磨中,

在那喧闹的浮华生活的困扰中,

我的耳边长久地响着你温柔的声音,

我还在睡梦中见到你可爱的倩影。

许多年过去了,

暴风骤雨般的激变驱散了往日的梦想,

于是我忘却了你温柔的声音,

还有你那天仙似的倩影。

在穷乡僻壤，

在囚禁的阴暗生活中，

我的日子就那样静静地消逝，

没有倾心的人，没有诗的灵魂，

没有眼泪，没有生命，也没有爱情。

如今，心灵已开始苏醒，

这时，我的面前重新出现了你，

有如昙花一现的幻影，

有如纯洁至美的天仙。

我的心在狂喜中跳跃，

心中的一切又慢慢苏醒。

有了倾心的人，有了诗的灵感，

有了生命，有了眼泪，也有了爱情。

12. 风情风趣型朗诵练习素材

《雪夜林边驻马》（译文）

[美] 罗伯特·弗罗斯特（原文作者）

我知道谁是这林子的主人，

尽管他的屋子远在村中；

他看不见我在此逗留，

凝视这积满白雪的树林。

我的小马想必感到奇怪：

为何停在树林和冰封的湖边，

附近既看不到一间农舍，

又在一年中最黑暗的夜晚。

它轻轻地摇了一下佩铃，

探询是否出了什么差错。

林中毫无回响，一片寂静，

只有微风习习，雪花飘落。

这树林多么可爱、幽深，
但我必须履行我的诺言，
睡觉前还有许多路要走啊，
睡觉前还有许多路要赶。

13. 启发诱导型朗诵练习素材

《常青树》（译文）
［日］岛崎藤村（原文作者）

呵，多么雄伟，多么悲壮！
常青树呵，永不衰亡！
尽管百草终会败落，
常青树却永不枯黄。
呵，你多么悲壮！
旭日悬挂你葱茏的枝梢，
月光拥抱你伟岸的身腰。
岁月为何步履匆匆？
光阴为何闪电般奔逃？
粉蝶翩跹起舞，
鲜花绽露微笑。
欢乐的日子为何这样短暂？
陶然醉翁为何醒得这样早？
秋虫在草荫里唧唧悲叹，
转瞬间已是银霜一片。
轰鸣的潮声惊飞了小鸟，
刹那间已是飞雪弥漫。
大地褪去了昔日的丰姿，
凄风高啸，吹落秋天的幕幔。
自然的巨臂高擎天宇，
飞转的地轴永无静息。

未谙漫长的数九,
百草千木已纷纷凋去。
呵,常青树,
你千岁不老,引颈长啸,
傲然挺拔是何神力!
茫茫风雪锁天,
晶亮的雪英飘逸;
波涛汹涌的江海,
喑然囿于一个封冻的世界。
呵,常青树,
你宝刀不老,浓荫如盖,
威凌霄汉是何神力!
挺立吧,莽野上孤傲的帝王,
高耸吧,雄伟遒劲的常青!
没有你长春之绿,
大山,也会失落年轻;
没有你深沉的呼吸,
谷壑,也会哑然无声。
清晨,绿叶接受雪雨的沐浴,
夜晚,枝梢迎接冰霰的洗礼。
在一个草木睡熟了的深冬,
狂飙,卷着你的悲戚。
也许有朝一日冰消雪融,
噙在翠叶上的泪珠将被抹去。
哦,无奈你的枝梢也将枯槁,
直到生命的绿色也终于褪尽。
飘浮的云絮如无缝的天衣,
劲吹的松风似不朽的瑶琴。
常青树呵,
挺起你威仪的身躯!

呵，多么雄伟，多么悲壮！
常青树呵，永不衰亡！
尽管百草终会败落，
常青树却永不枯黄。
呵，多么悲壮！

14. 坚定昂扬型朗诵练习素材

《寻梦者》
戴望舒

梦会开出花来的，
梦会开出娇妍的花来的：
去求无价的珍宝吧。
在青色的大海里，
在青色的大海的底里，
深藏着金色的贝一枚。
你去攀九年的冰山吧，
你去航九年的旱海吧，
然后你逢到那金色的贝。
它有天上的云雨声，
它有海上的风涛声。
它会使你的心沉醉。
把它在海水里养九年，
把它在天水里养九年，
然后，它在一个暗夜里开绽了。
当你鬓发斑斑了的时候，
当你眼睛朦胧了的时候，
金色的贝吐出桃色的珠。
把桃色的珠放在你怀里，
把桃色的珠放在你枕边，
于是一个梦静静地升上来了。
你的梦开出花来了，

你的梦开出娇妍的花来了,

在你已衰老了的时候。

15. 亲切自然型朗诵练习素材

《外面的世界》(译文)

[英]罗伯特·路易斯·史蒂文森(原文作者)

除了我这样的小孩,

还有谁会爬上樱桃树?

我双手抓住树干,

眺望外面的世界。

我看见隔壁的花园,

里面开满了鲜花,

还有更多的好去处,

是我前所未见。

我看见河水打着漩涡流过,

像是天空的蓝墨镜;

来来往往的路上尘土飞扬,

路上的行人正往城里赶。

如果我能找到一棵更高的树,

我还能看得更远。

我会看见大河汇入海洋,

海里航行着轮船。

我会看见道路伸向远方,

一直通往仙境。

那儿所有的孩子都在五点钟吃晚饭,

所有的玩具都有生命。

16. 庄重严肃型朗诵练习素材

《我用残损的手掌》

戴望舒

我用残损的手掌摸索这广大的土地：
这一角已变成灰烬，
那一角只是血和泥；
这一片湖该是我的家乡，
（春天，堤上繁花如锦幛，
嫩柳枝折断有奇异的芬芳，）
我触到荇藻和水的微凉；
这长白山的雪峰冷到彻骨，
这黄河的水夹泥沙在指间滑出；
江南的水田，
你当年新生的禾草是那么细，那么软……
现在只有蓬蒿；
岭南的荔枝花寂寞地憔悴，
尽那边，我蘸着南海没有渔船的苦水……
无形的手掌掠过无限的江山，
手指沾了血和灰，
手掌黏了阴暗，
只有那辽远的一角依然完整，
温暖，明朗，坚固而蓬勃生春。
在那上面，我用残损的手掌轻抚，
像恋人的柔发，婴孩手中乳。
我把全部的力量运在手掌贴在上面，
寄予爱和一切希望，
因为只有那里是太阳，是春，
将驱逐阴暗，带来苏生，
因为只有那里我们不像牲口一样活，
蝼蚁一样死……

那里，永恒的中国！

17. 批评教育型朗诵练习素材

《狱中题壁》
戴望舒

如果我死在这里，
朋友啊，不要悲伤，
我会永远地生存在你们的心上。

你们之中的一个死了，
在日本占领地的牢里，
他怀着的深深仇恨，
你们应该永远地记忆。

当你们回来，
从泥土掘起他伤损的肢体，
用你们胜利的欢呼，
把他的灵魂高高扬起。

然后把他的白骨放在山峰，
曝着太阳，沐着飘风：
在那暗黑潮湿的土牢，
这曾是他唯一的美梦。

18. 悲愤激扬型朗诵练习素材

《鬼屋》（译文）
［美］罗伯特·弗罗斯特（原文作者）

我住在一间孤独的房子里，
它多个夏天前就已经消失，
除地窖的残垣，已无迹可寻，
这地窖在白天有日光洒进，

长满了野生的紫茎覆盆子。

越过葡萄藤掩蔽的破栅栏，
树林回到了先前的田地间；
果园里早已经是杂树交长，
啄木鸟砍剁于新树老树上；
去水井的小路也已被湮埋。

我怀着莫名的悲痛住在这儿，
再没有癞蛤蟆沐浴尘土的、
这因弃置而被遗忘的路边，
已消失的一间僻房子里面，
夜来了，
黑蝙蝠上下翻飞着。

夜鹰即将来扯开大嗓门，
喋声后咯咯叫，又四处扑棱。
一次又一次，我远远听见，
它在还没有到这地方之前，
就大声发表它自己的高论。

夏夜里，小小的孤星光朦朦，
不知道这些都是谁不作声，
和我一起在这昏黑处安身——
低丫的树木下有墓碑横陈，
覆苔的名字肯定已看不清。

他们都不知倦，却迟缓悲伤，
有紧挨的少女和少男——
他们中没有谁曾放声歌唱，

但考虑到世上的种种情况，
他们已算是极亲密的伙伴。

19. 热情歌颂型朗诵练习素材

《夜蛾》
戴望舒

绕着蜡烛的圆光，
夜蛾作可怜的循环舞，
这些众香国的谪仙不想起，
已死的虫，未死的叶。

说这是小睡中的亲人，
飞越关山，飞越云树，
来慰藉我们的不幸。
或者是怀念我们的死者，
被记忆所逼，
离开了寂寂的夜台来。

我却明白它们就是我自己，
因为它们用彩色的大绒翅遮覆住我的影子，
让它留在幽暗里。
这只是为了一念，不是梦，
就像那一天我化成凤。

20. 热情欢呼型朗诵练习素材

《我有一个恋爱》
徐志摩

我有一个恋爱，
我爱天上的明星，
我爱它们的晶莹——
人间没有这异样的神明！

在冷峭的暮冬的黄昏,
在寂寞的灰色的清晨,
在海上,在风雨后的山顶——
永远有一颗,万颗的明星!

山涧边小草花的知心,
高楼上小孩童的欢欣,
旅行人的灯亮与南针——
万万里外闪烁的精灵!

我有一个破碎的魂灵,
像一堆破碎的水晶,
散布在荒野的枯草里——
饱啜你一瞬瞬的殷勤。

人生的冰激与柔情,
我也曾尝味,我也曾容忍;
有时阶砌下蟋蟀的秋吟,
引起我心伤,逼迫我泪零。

我袒露我的坦白的胸襟,
献爱与一天的明星;
任凭人生是幻是真,
地球存在或是消泯——
太空中永远有不昧的明星!

第二节　调类

调类，是声调的分类。根据声调的实际读法进行归纳，调值相同即归为一个调类。说话者的思想感情和语言表达需求不同，语句的音高、音长、音量、节奏等就不同，对以上内容进行调控，即出现不同调类。声调的变化，涉及声音的强弱、高低、长短，气息的深浅、多少、快慢，口腔状态的松紧、开闭，以及舌位的前后。综合来说，区分调类，为的是通过声音的变化传递说话者的情感、态度和意图，使语言更加生动且富有表现力。

调类的基本形态

调类的基本形态有五种，分别为波峰、波谷、上山、下山、半起。

一、波峰类

波峰类，即声音的发展态势是先由低向高行进，再由高向低行进，状如波峰。例如，《春晓》中"夜来风雨声"一句。

二、波谷类

波谷类,即声音的发展态势是先由高向低行进,再由低向高行进,换句话说,是句头、句尾较高,句腰较低,状如波谷。例如,《登鹳雀楼》中"黄河入海流"一句。

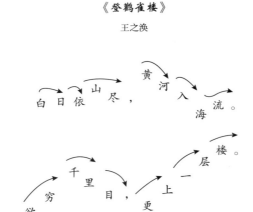

三、上山类

上山类,即声音的发展态势是由低向高行进,状如登山。例如,《相思》中"愿君多采撷"一句。整个过程中,有时是步步高,有时是盘旋而上。

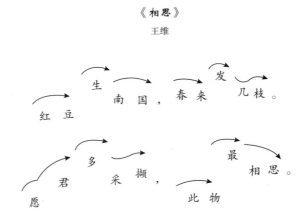

四、下山类

下山类,即声音的发展态势是由高向低行进,换句话说,是句头最高,后顺势而下,状如下山。例如,《独坐敬亭山》中,"只有敬亭山"一句。整个过程中,有时呈直线下行状态,有时呈蜿蜒曲折下行态势。

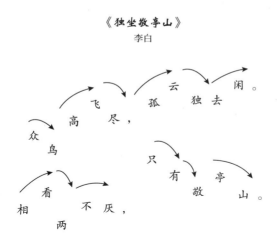

五、半起类

半起类，即声音的发展态势是句头较低，呈上行趋势，然行至中途，气提声止，略降后再次上行、下行，由于此过程中没有行至最高点，所以称为"半起"。例如，《金陵怀古》中，"辇路江枫暗，宫庭野草春"一句。

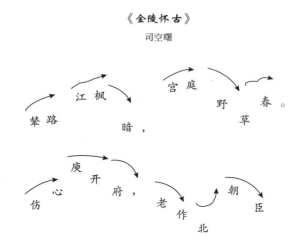

第三节　朗诵语速

语速，是朗诵时有声语言行进的快慢。

 语速的作用

语速的快慢是由内容表达的需要决定的，直接影响表达效果。语速太快，会对听者的大脑皮层进行不间断的刺激，导致听者的大脑皮层由兴奋转向被抑制；语速太慢，会造成听者大脑的思维状态的疲软，导致听者注意力分散。只有语速快慢适中，才能恰当传递作者想通过作品表达的思想感情。

 作品感情和语速的关系

宜快读的作品，所表达的思想感情通常是欢快、热烈、紧张、焦急、慌乱的。争吵类内容、辩论类内容，以及用于抨击、控诉、指责某人、某事的内容，通常会通过快读传递相关信息。

宜慢读的作品，所表达的思想感情通常是悲痛、沉重、镇定的。闲谈类内容、耳语类内容，以及用于叙述、说明、追思、回忆某人、某事的内容，通常会通过慢读传递相关信息。

第四节　朗诵语气

朗诵语气，是体现朗诵者立场、态度、个性、情感、心境起伏变化的语音形式。

朗诵语气的作用

朗诵语气是思想、感情、词句篇章、语音形式的统一表现。有恰当的语气，才能用合理的方式讲出相关内容，生动、正确地反映朗诵者的本意。所谓"语"，是通过声音表现的"话语"；所谓"气"，是支撑通过声音表现的话语的"气息状态"。

常见的语气色彩

选用合适的语气，需要掌握用不同的声音、气息表达不同的语意、感情的技巧，即"声气传情"的技巧。正所谓"音随意转，气随情动，因情用气，以情带声"，朗诵中，朗诵者不但应该以气托声，而且应该以声、气传情。

朗诵时，总的感情色彩体现在基调中，具体的感情色彩体现在语气中。常见的语气色彩如下。

1. "爱"的语气

"爱"的语气一般是"气徐声柔"的，能给人以温和感。使用"爱"的语气时，发音器官应该是放松的，用声自如，气息深长，出语轻软。

2. "恨"的语气

"恨"的语气一般是"气足声硬"的，能给人以挤压感。使用"恨"的语气时，发音器官应该是略紧的，气猛且多阻塞，类似于忍无可忍、咬牙切齿的状态。

3. "悲"的语气

"悲"的语气一般是"气沉声缓"的,能给人以迟滞感。使用"悲"的语气时,发音器官应该是欲紧又松的,气息于先,出声于后,类似于欲言又止的状态。

4. "喜"的语气

"喜"的语气一般是"气满声高"的,能给人以兴奋感。使用"喜"的语气时,发音器官应该是松弛的,似千里行轻舟,气息顺畅,激情洋溢。

5. "惧"的语气

"惧"的语气一般是"气提声抖"的,能给人以衰竭感。使用"惧"的语气时,发音器官较迟钝,气息似积存于胸,出气有强弱不匀之感。

6. "急"的语气

"急"的语气一般是"气短声促"的,能给人以催逼感。使用"急"的语气时,吐字有弹射感,非常有力,气息急迫如子弹穿梭,出语间的停顿非常短暂。

7. "冷"的语气

"冷"的语气一般是"气少声淡"的,能给人以冷寂感。使用"冷"的语气时,发音器官通常较松,气息较微弱。

8. "怒"的语气

"怒"的语气一般是"气粗声重"的,能给人以震动感。使用"怒"的语气时,发音器官应该是较用力的,气息不刻意收敛,语势迅猛,不刻意遏制。

9. "疑"的语气

"疑"的语气一般是"气细声黏"的,能给人以踌躇感。使用"疑"的语气时,发音器官应该是欲松还紧的,气息欲连还断,吐字较夸张。

10. "静"的语气

"静"的语气一般是"气平声缓"的,能给人以舒适感。使用"静"的语气时,发音器官较松弛,气息平稳、顺畅,吐字轻快。

以上内容,可简单概括为爱则气徐声柔、恨则气足声硬、悲则气沉声缓、喜则气满声高、惧则气提声抖、急则气短声促、冷则气少声淡、怒则气粗声重、疑则气细声黏、静则气平声缓。

气息控制的方法

一、胸腹式联合呼吸法

胸腹式联合呼吸法是朗诵者常用的呼吸方法之一。目前,常用的呼吸方法主要有两种,一种是腹式呼吸法,另一种是胸腹式联合呼吸法,其中,胸腹式联合呼吸法是主流呼吸法。

1. 胸腹式联合呼吸法的训练方法

快吸慢呼,挺胸后扩肩——吸气时腹部略鼓,胸腔要有意识地放松;呼气时腹部放松,但不要用力收缩,胸腔要保持扩张状态。注意,胸腹式联合呼吸时,着力点在横膈膜,呼气时要感觉气保持在横膈膜上不散。

正确的胸腹式联合呼吸要领如下。

①操纵气息的部位在胸部和腹部的连接处,即横膈膜。

②吸气时,胸部放松,腹部明显扩张,两肺底部的横膈膜向下运动,气息自然、充分地进入身体。

③呼气时,胸腔扩张、挺起,小腹向内、向上收缩,横膈膜向上运动,将气息由肺部挤出,完成呼吸过程。

2. 胸腹式联合呼吸法的特点

胸腹式联合呼吸法是朗诵中最理想的呼吸方法,也是最难掌握的呼吸方法。因为胸腹式联合呼吸区别于生活中的自然呼吸,是身体内部各器官协调、对抗的结果,所以,必须使用一定的手段,经过一定时间的训练,才能掌握胸腹式联合呼吸的技巧。

训练过程中,朗诵者要有足够的耐心和毅力,一丝不苟地按照要求去琢磨、体会,寻找将气息吸入腔体且保持住的感觉。

二、其他简易呼吸法

平心静气地闻鲜花的芬芳,突然受到惊吓时的倒吸冷气,还有无声练习中的慢吸慢呼、慢吸快呼、快吸慢呼、快吸快呼等,都是较为简易的呼吸法。先用这些具体、正确的方法练习一段时间,再用简单的音节练习优化呼吸过程、提高发声效率会事半功倍。

发声时,合理地吸气、呼气很重要,偷气、换气、补气、大吸气、提气、挺气、沉气、憋气、长呼气、顿气,都是不错的吸气、呼气方法,接下来逐一介绍。

1. 偷气

当句子较长且意思表达不能中断，不允许中间停顿换气时，需要合理偷气。偷气吸的气较少，动作快且小，能够在不让听众感觉出来的情况下快而不露地完成换气。

2. 换气

一般，说完一个句子后，可以换口气，给自己调整状态的机会，也给受众休息和思考的时间。正常换气会比偷气所用的时间长一些。

3. 补气

在句子比较长，中间有逗号等标点符号时，或在感情转入高潮，需要表达更激昂的感情时，要积蓄力量，合理补气。补气比换气速度快、用时短，比偷气速度慢、用时长。

4. 大吸气

大吸气一般用在感情比较激昂的话或气势比较宏大的话的开头。大吸气的感觉，类似于深呼吸的感觉，其中可细分出一种状态为倒吸气，一般作为一种表达技巧使用。使用时，以口吸气，并且发出吸气的声音，可表达惊讶、害怕、悲伤等情感。

5. 提气

提气时，不要一下子把气提到上胸部，下面要用丹田拉住，但要寻找好像已经把气从丹田内提了起来，或提了出来的感觉。提气时，气息控制力通常较强，朗诵让人振奋的好消息、让人兴奋的内容时，常用提气技巧。

6. 挺气

挺气，一般用于朗诵抒情的、亲切的内容。朗诵时，气好像被托着一样，比较轻，比较柔和。

7. 沉气

沉气时，小腹要放松，气自然下沉，声音深沉、饱满。沉气技巧，多用于表达走心的、深沉的、凝重的情感和内容。

8. 憋气

憋气，即话说了半截，猛然咽住。憋气时，要将气息稳住，不能松懈。憋气技巧多用于感情更强烈的爆发前、引起听众注意的内容前，以及给听众以悬念的内容前。

9. 长呼气

长呼气，一般用于感慨、感叹、叹气的场景。一边说话，一边大呼气，一口气伴随着语言行进一呼而尽，话说完了，气也呼尽了，是最理想的状态。

10. 顿气

顿气，多用于感情非常激动的场景。或哭或笑，或喜或悲，使用顿气技巧，可以获得气抖声颤的效果。

吸气、呼气的方法是多种多样的，总体而言，需要根据目标作品的思想感情的表达需要选用。实际表达时，呼吸方法往往不是单一的，而是互相渗透、综合运用的。

一般来讲，朗诵新闻、评论等信息较多、事实性较强的内容时，由于内容较客观，气息以稳为主，只要加强语言的逻辑性，通过理解语法关系，找到换气位置，及时补气就可以了。朗诵情感比较激昂，甚至激愤的诗歌、散文、通讯稿时，气息控制要强，两肋要外扩，小腹要控制住，增加气息的压力和声带的张力，发出的声音才结实、饱满、明朗、有力。

第五节　朗诵时的"对象感"

对象感是朗诵者设想和感觉到对象的存在和反应。朗诵时，朗诵者必须意识到受众的心理要求、愿望、情绪等，据此调动自己的思想感情，使表达更加合理、动人。

播音也是一样的。播音，是把作品播出去给受众听，播音员必须在"目中无人"的环境中做到"心中有人"，把握受众的存在，时刻与受众有思想、感情的交流、呼应。

那么，如何获得"对象感"？首先，对受众进行设想；其次，努力感受受众的存在和反应；最后，努力了解受众。

明确"对象感"，要从"量"和"质"两个方面入手。所谓"量"，指受众的性别、年龄、职业、人数等；所谓"质"，指环境、气氛，以及受众的心理、素养等。

朗诵/播音时，可具体设想"这样的作品，应该给什么人听？""哪些人最需要听？""听了以后，这些人会有什么反应？"等内容，可以把面对的话筒/镜头看作一位朋友，在诉说

的过程中，想象朋友正在听自己诉说。这种想象中的受众，越具体、明确越好。

第六节　朗诵时的"内在语"

所谓"内在语"，是有声语言所不能表露、不便表露，或者没有完全表露的语句关系、语句本质。

 内在语的种类及特点

一、提示性内在语

提示性内在语一般用在作品的开头。

二、寓意性内在语

寓意性内在语一般有含蓄、深刻、一语双关的特点，往往意味深长。

对于"只可意会，不可言传"的内容，使用寓意性内在语，可以更多地激发受众想象、感悟其内在含义的能力。

三、反语性内在语

反语性内在语有两种类型，一种是反话正说，另一种是正话反说。反话正说，多用来表达讽刺、批判的态度、情感；正话反说，可温馨含蓄，也可嬉笑怒骂。

四、回味性内在语

回味性内在语，一般有虚实相生、营造意境的作用，多用于反问、强调、深化交流。

回味性内在语一般用在作品的结尾，目的是给受众一种"语尽意不尽"的感觉。

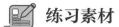 练习素材

《匆匆》
朱自清

燕子去了，有再来的时候；杨柳枯了，有再青的时候；桃花谢了，有再开的时候。但是，聪明的，你告诉我，我们的日子为什么一去不复返呢？——是有人偷了他们吧：那是谁？又藏在何处呢？是他们自己逃走了吧：现在又到了哪里呢？

我不知道他们给了我们多少日子，但我的手确乎是渐渐空虚了。在默默里算着，八千多日子已经从我手中溜去，像针尖上一滴水滴在大海里，我的日子滴在时间的流里，没有声音，也没有影子。我不禁头涔涔而泪潸潸了。

去的尽管去了，来的尽管来着，去来的中间，又怎样地匆匆呢？早上我起来的时候，小屋里射进两三方斜斜的太阳。太阳他有脚啊，轻轻悄悄地挪移了，我也茫茫然跟着旋转。于是——洗手的时候，日子从水盆里过去；吃饭的时候，日子从饭碗里过去；默默时，便从凝然的双眼前过去；我觉察他去得匆匆了，伸出手遮挽时，他又从遮挽着的手边过去；天黑时，我躺在床上，他便伶伶俐俐地从我身上跨过，从我脚边飞走了；等我睁开眼和太阳再见，这算又溜走了一日；我掩面叹息，但是新来的日子的影儿又开始在叹息里闪过了。

在逃去如飞的日子里，在千门万户的世界里的我能做什么呢？只有徘徊罢了，只有匆匆罢了。在八千多日的匆匆里，除徘徊外，又剩些什么呢？过去的日子如轻烟，被微风吹散了，如薄雾，被初阳蒸融了。我留着些什么痕迹呢？我何曾留着像游丝样的痕迹呢？我赤裸裸来到这世界，转眼间也将赤裸裸地回去吧？但不能平的，为什么偏要白白走这一遭啊？

你聪明的，告诉我，我们的日子为什么一去不复返呢？

第七节　朗诵配乐的使用

朗诵配乐，是朗诵艺术中不可或缺的要素，其选择与应用对朗诵效果有至关重要的影

响。在深入分析朗诵稿件之初，我们便需要明确稿件的朗诵基调，据此匹配合适的音乐。音乐节奏与旋律的微妙变化，能够深刻影响朗诵者对朗诵内容的诠释，以及对整体节奏的把控。注意，恰当的配乐不仅能够辅助朗诵者更加生动地构建情景、画面，还能显著提升其有声表达的完美度。

在配乐的运用过程中，深刻理解音乐所蕴含的情感色彩，且熟练掌握音乐节奏规律是基础。朗诵者要根据朗诵稿件的具体需求，对配乐进行细致入微的裁剪与调整，确保配乐与朗诵内容和谐共生，避免产生突兀的节奏反差。

一般而言，对于温婉、抒情的稿件，宜选用钢琴配乐，以其纯净、悠扬的旋律营造氛围；对于情感波动较大的稿件，选用弦乐配乐更为贴切，能够深刻表达复杂的情感变化；至于充满力量与激情的稿件，电声配乐是激发共鸣的首选，但使用过程中需要注意控制音量，使之成为朗诵的恰当点缀，而非喧宾夺主的干扰。

面对复杂的稿件，可能需要巧妙融合多种配乐风格。此时，精选配乐类型并精确控制每段配乐的长度尤为重要，避免在朗诵过程中出现配乐风格混乱的情况。配乐应在朗诵开始后15秒至20秒间自然融入，并在朗诵结束时柔和淡出，以确保整个朗诵过程流畅、风格统一，达到最佳艺术效果。

第七章

即兴评述

第一节　即兴评述基础

即兴评述，是一种即兴而发的表达形式，要求在无预先准备的情况下，针对给定的主题或议题，即刻阐述个人见解与观点。即兴评述旨在全面考查评述者的快速反应能力、逻辑思维能力、语言组织能力，以及口语表达的流畅性与准确性，与此同时，即兴评述是对评述者心理素质的考查，看其能否在高压环境中镇定自若。

可以说，即兴评述不仅是对评述者思维敏捷性的挑战，更是对其快速整合信息、构建语言框架能力的锻炼。即兴评述要求评述者拥有强大的记忆力，能够迅速调动知识储备，将零散的想法串联成条理清晰的论述。此外，即兴评述能够间接反映评述者的知识底蕴与文化素养，因为有效的评述往往建立在广博的知识面和对时事热点的敏锐洞察上。

从本质上看，即兴评述相当于现场构思、即时完成的口头作文，其命题多为议论性质，内容广泛涵盖日常生活中的各方面知识，以及时事动态，旨在促使评述者在有限的时间内展现深厚的学识积淀与灵活的思维应变能力。

即兴评述的要点准备

即兴评述需要关注两个方面，一个是"述"，另一个是"评"。所谓"评述"，就是既要有"述"，又要有"评"。有了"述"，受众能够对话题的由头有所了解；有了"评"，受众能够了解评述者所持的观点和看法。"述"是"评"的基础，"评"是"述"的升华，先"述"后"评"、先"评"后"述"，抑或一边"评"一边"述"，都能够很好地帮助评述者完成对想法和观点的阐述。

准备即兴评述的要点如下。

1. 主题明确

清楚地理解评述的主题,这是评述的基础。

2. 构思迅速

在有限的时间内快速构思观点,可以用"问题+原因+解决方案"的模式组织思路。

3. 观点鲜明

即兴评述中,观点要鲜明,切忌模棱两可。

4. 逻辑清晰

即使时间紧迫,也要尽量完善评述的逻辑,让受众能够轻松地跟上评述思路。

5. 语言流畅

尽量使用简洁明了的语言,避免评述过程中出现过于冗长、复杂的句子。

6. 情感投入

适当的情感表达,可以增加评述的感染力。

7. 适度举例

如果可能,用具体的例子支持评述观点,能够使评述更有说服力。

8. 总结归纳

在评述的最后,简要总结观点可以强化主题。

注意,评述,一般"评"占60%~40%,"述"占40%~60%。

即兴评述的常见题型

用于面试、演讲、辩论等场合时,即兴评述主要有3种题型,分别为知识题、常识题、时事题。知识题考查的范围比较广,但以古文考查为多;常识题通常要求说明对某俗语、常识的理解;时事题通常与当下的热点事件有关。具体解析如下。

一、知识题

这类即兴评述题目对评述者的知识深度与广度有较高的要求,特别是在涉及古文时,要求尤其高——不仅期望评述者能够准确解读古文的字面意义、深入理解其内在意蕴,还要求评述者能够透彻分析古文写作时的文化环境与历史背景,进而挖掘其在当代社会流传

的价值。更进一步地说，这类题目鼓励评述者使用现代视角，对古文中的哲学思想、道德教训、社会观念等进行新颖且深刻的诠释，展现古为今用的智慧与洞见。

综上所述，知识性即兴评述，尤其是针对古文的知识性即兴评述，不仅是对语言能力的考查，更是对文化底蕴、历史理解，以及创新思维能力的综合考查。

二、常识题

常识题考查的主要是评述者对社会知识、普遍认知及公众共识的掌握程度。作为智慧的结晶，俗语、谚语、成语等常被用作常识性即兴评述的素材，评述者不仅需要准确解释这些表达背后的深层含义与寓意，还需要具备将其融入现实情境，结合个人经验与社会现象，对其进行深入讨论与评述的能力。常识性即兴评述旨在考查评述者的文化底蕴、社会洞察力，以及运用经典素材分析解决现实问题的能力。

三、时事题

时事题聚焦的是近期发生的、有广泛影响力的热点新闻与重大社会事件。面对时事类即兴评述，首先，评述者要展现对事件本身的充分认知与理解，包括对事件的起因、发展脉络、当前状况的充分认知与理解；其次，评述者需要深入分析该事件引发的社会反响、经济影响、政治后果等多维度效应，以及这些效应之间的关联；再次，评述者应该提出独到见解，对事件背后的深层次原因进行剖析，并预测其未来可能的演变趋势；最后，评述者应该展现其解决问题的能力，针对事件提出切实可行的见解、解决方案，以体现其对于社会问题的敏锐洞察与积极应对态度。

第二节　即兴评述的技巧

一、合理解释题目

解释题目的方法有很多，接下来重点介绍文理解释、延伸解释、人物背景解释这3个方法。

1. 文理解释

根据题目中的关键字、词，对题目进行书面解释，准确解释每个字、词的真实文理含义。

2. 延伸解释

根据题目中的关键字、词，延展相关知识，对题目进行进一步解释说明。平时多储备名言、金句，能够轻松地对题目进行延伸解释。

3. 人物背景解释

如果题目中出现人名，或者时代代表事件，可以通过解释人物背景、事件出处，以及事件的社会影响，延展相关知识，对题目进行进一步解释说明。

二、正确举例说明

针对即兴评述中的观点，不能完全使用理论性语言文字进行阐述，要举例论证，如以名人轶事、社会新闻等内容为例。举例说明内容可以作为即兴评述的主体内容。

1. 正例

所举的例子和自己的观点吻合，不仅思路统一，而且内容含义统一，能够清晰、完整地说明自己的观点的正确性。正例，通常是积极、正面的例子。

2. 反例

所举的例子和自己的观点相悖，能够有效地反映与自己的观点相悖的观点的不正确性。通过使用反例证明和自己的观点相悖的观点的不正确性，可以从反面证明自己的观点的可靠性、正确性。

三、完善总结内容

针对自己阐述的观点和内容，做一个完整的总结。通过梳理文字、调整结构，让自己的即兴评述内容更加条理清晰，表达的观点更加明确。针对之前表述不清或者不到位的内容，可以在总结中进行补充表述。

四、添加点睛之笔

针对自己即兴评述的内容，进行中心思想的升华——使用优美的、哲理性较强的文字，做最后的说明和观点的表达，让即兴评述的内容更具文理性和艺术性。

五、谨慎遵循程序并实时调整状态

进行即兴评述，通常需要谨慎遵循常规程序，并在过程中实时调整状态。

1. 接收题目

接收评述的主题/问题，包括知识性问题、常识性问题、时事性问题。

2. 快速思考

在极短的时间内对题目进行思考，明确自己的立场和主要观点。

3. 组织语言

迅速组织语言，构建评述的基本框架，包括引言、主体和结尾。

4. 开场白

进入评述，简短地介绍话题，并明确地表达自己的立场/观点。

5. 阐述论点

清晰地表达自己的主要论点，同时给出两三个支持自己立场的论据。

6. 举例说明

如果可能，给出具体的例子或数据，支撑自己的论点。

7. 深入分析

对论点进行深入分析，展示自己的思考深度和逻辑推理能力。

8. 应对反驳

在评述过程中，预设可能出现的反驳意见，并提前准备应对策略。

9. 总结归纳

在评述的结尾部分，对评述的主要观点进行简要总结，重申自己的立场。

10. 结束语

以一个有力的结尾结束评述，争取给受众留下深刻的印象。

11. 时间控制

在评述过程中，注意控制时间，确保在规定的时间内完成表达。

12. 非语言沟通

使用适当的肢体语言和面部表情,辅助增强口头表达的效果。

13. 互动交流

如果规则允许,与受众进行适当的互动,如提问、邀请反馈。

14. 自我调整

根据现场情况和受众的反应,灵活调整评述内容和评述方式。

六、特别提醒

准备即兴评述时,切忌试图预设并牢记每一个发言细节,因为无论是在主观意图方面,还是在客观条件方面,这都难以实现。

许多人往往在开口后不久,甚至仅说了几句话,便陷入言辞匮乏的境地,部分原因在于未能提前构思好评述的提纲与逻辑结构。预设并牢记发言细节对解决此问题毫无帮助,甚至有反作用。

因此,准备即兴评述,最关键的是要扎实地掌握即兴评述的基本流程与技巧,并通过持续的、不受时间与地点限制的练习加以巩固。熟能生巧,随着练习的不断深入,即兴评述的能力会有显著提升,终将达到面对任何情境都能从容不迫、流畅表达的程度。这一过程不仅是技能的提升过程,还是思维灵活性与应变能力的综合提高过程。

第八章

绕口令训练

《八百标兵》（练习"b""p"）

八百标兵奔北坡，炮兵并排北边跑。
炮兵怕把标兵碰，标兵怕碰炮兵炮。

《八百标兵（升级版）》（练习"b""p""l"）

八了百了标了兵了奔了北了坡，炮了兵了并了排了北了边了跑。
炮了兵了怕了把了标了兵了碰，标了兵了怕了碰了炮了兵了炮。

《巴老爷芭蕉树》（练习"b"）

巴老爷有八十八棵芭蕉树，
来了八十八个把式要在巴老爷八十八棵芭蕉树下住。
巴老爷拔了八十八棵芭蕉树，
不让八十八个把式在八十八棵芭蕉树下住。
八十八个把式烧了八十八棵芭蕉树，
巴老爷在八十八棵芭蕉树边哭。

《葡萄皮儿》（练习"b""p"）

吃葡萄不吐葡萄皮儿，不吃葡萄倒吐葡萄皮儿。

《笨胖胖和胖笨笨》（练习"b""p"）

笨胖胖伴胖笨笨，蹦蹦跳来跳蹦蹦，捧着盆盆到河滨。
笨胖胖捞蚌子，胖笨笨捉螃蟹，
笨胖胖帮胖笨笨捉螃蟹，胖笨笨帮笨胖胖捞蚌子，
不知是笨胖胖的蚌子棒，还是胖笨笨的螃蟹棒。

《短刀》（练习"d""t"）

断头台倒吊短单刀，歹徒登台盗短刀。断头台塌盗跌倒，对对短刀叮当掉。

《炮兵和步兵》（练习"b""p"）

炮兵攻打八面坡，炮兵排排炮弹齐发射。

步兵逼近八面坡，歼敌八千八百八十多。

《白庙和白猫》（练习"b""m"）

白庙外蹲着一只白猫，白庙里有一顶白帽。

白庙外的白猫看见了白帽，叼着白庙里的白帽跑出了白庙。

《买饽饽》（练习"b""p"）

白伯伯，彭伯伯，饽饽铺里买饽饽。

白伯伯买的饽饽大，彭伯伯买的大饽饽。

拿到家里喂婆婆，婆婆又去比饽饽。

不知是白伯伯买的饽饽大，还是彭伯伯买的饽饽大。

《白猫与黑猫》（练习"b""p""m"）

白猫黑鼻子，黑猫白鼻子，黑猫的白鼻子碰破了白猫的黑鼻子。

白猫的黑鼻子破了，剥个秕谷壳儿补鼻子。

黑猫的白鼻子没破，就不剥秕谷壳儿补鼻子。

《班干部管班干部》（练习"b""g"）

班干部让班干部管班干部，班干部管班干部。

班干部不让班干部管班干部，班干部不管班干部。

《八斤鸡与八斤狗》（练习"b""f"）

我家有只肥净白净八斤鸡，飞到张家后院里。

张家后院有条肥净白净八斤狗，咬了我家的肥净白净八斤鸡。

我要张家卖了他家的肥净白净八斤狗，来赔我家的肥净白净八斤鸡。

张家不卖他家的肥净白净八斤狗，不赔我家的肥净白净八斤鸡。

《一座棚》（练习"b""p""f"）

一座棚傍峭壁旁，峰边喷泻瀑布长。

不怕暴雨瓢泼冰雹落，不怕寒风扑面雪飘扬，并排分班翻山攀坡把宝找。

聚宝盆里松柏飘香百宝藏，背宝奔跑报矿炮劈山，篇篇捷报飞伴金凤凰。

《谭老汉买蛋和炭》（练习"b""d""t""l"）

谭家谭老汉，挑蛋到蛋摊，买了半担蛋，挑担到炭摊，买了半担炭，满担是蛋炭。

老汉忙回赶，回家炒蛋饭，进门跨门槛，脚下绊一绊。

跌了谭老汉，破了半担蛋，翻了半担炭，脏了木门槛。

老汉看一看，急得满头汗，连说"怎么办"。

蛋炭完了蛋，老汉怎吃蛋炒饭！

《长扁担和短扁担》（练习"b""d"）

长扁担，短扁担，

长扁担比短扁担长半扁担，短扁担比长扁担短半扁担。

长扁担绑在短板凳上，短扁担绑在长板凳上。

长板凳不能绑比短扁担长半扁担的长扁担，

短板凳也不能绑比长扁担短半扁担的短扁担。

《女小吕》（练习"n""l"）

这天天下雨，

体育运动委员会穿绿雨衣的女小吕去找计划生育委员会不穿绿雨衣的女老李。

体育运动委员会穿绿雨衣的女小吕没找到计划生育委员会不穿绿雨衣的女老李，

计划生育委员会不穿绿雨衣的女老李也没见着体育运动委员会穿绿雨衣的女小吕。

《聋童》（练习"m""l""t"）

朦胧彩霓虹，玲珑小聋童。

聋童采柠檬，聋童不懵懂。

《牛郎和刘娘》（练习"l""n"）

牛郎年年恋刘娘，刘娘连连念牛郎。

牛郎恋刘娘，刘娘念牛郎，郎恋娘来娘念郎。

《老姥姥与麻妈妈》（练习"l""m"）

老姥姥恼姥姥，姥姥老恼老姥姥。

麻妈妈问妈妈，妈妈老问麻妈妈。

《牛和柳》（练习"n""l"）

河边一棵柳，柳下一头牛。

牛要去顶柳，柳条缠牛头。

《画凤凰》（练习"h""f"）

粉红墙上画凤凰，凤凰画在粉红墙。

红凤凰，粉凤凰，粉红凤凰，花凤凰。

《哥挎瓜筐过宽沟》（练习"g""k"）

哥挎瓜筐过宽沟，赶快过沟看怪狗。

光看怪狗瓜筐扣，瓜滚筐空哥怪狗。

《哥哥捉鸽》（练习"g""k""h"）

哥哥过河捉个鸽，回家割鸽来请客。

客人吃鸽称鸽肉，哥哥请客乐呵呵。

《两只饭碗》（练习"f""h"）

红饭碗，黄饭碗，红饭碗盛满碗饭，黄饭碗盛半碗饭。

黄饭碗添半碗饭，像红饭碗一样满碗饭。

《七加一》（练习"j""q"）

七加一，再减一，加完减完等于几？

七加一，再减一，加完减完还是七。

《古老街》（练习"g""l""j"）

古老街上胡古老，古老街下古老胡。

古老街上的胡古老，找古老街下的古老胡比古老。

结果不知是胡古老的古老比古老胡的古老古老，

还是古老胡的古老比胡古老的古老古老。

《破布和烂鼓》（练习"p""g""b"）

屋里一个破烂鼓，扯点破布来补补。

也不知是破布补烂鼓，还是烂鼓补破布。

只见鼓补布、布补鼓，布补鼓、鼓补布……

补来补去，鼓不成鼓，布不成布。

《大锅和小锅》（练习"d""g"）

大哥多大锅，二哥多小锅。

大哥拿多的大锅换二哥多的小锅，二哥不拿多的小锅换大哥的大锅。

大哥说："咱俩合伙用大锅和小锅。"

《华华和红红》（练习"h"）

华华有两朵黄花，红红有两朵红花。

华华要红花，红红要黄花。

华华送给红红一朵黄花，红红送给华华一朵红花。

《巡逻之歌》（练习"zh""ch""sh"）

歌逐晨雾飞，蹄下露珠碎。北疆铁骑去巡逻，满身披朝晖。

心潮起伏似潮涌，战斗激情如江水。

凝视茫茫大草原，胸怀世界为人类。

大雨浇军衣，惊雷壮军威，春夏秋冬如一日，昼夜勤寻回。

《紫丝线织紫狮子》（练习"z""zh""s""sh"）

试将四十七根极细极细的紫丝线，试织四十七只极细极细的紫狮子。

让细紫丝线试织细紫狮子，细紫丝线却织成了死紫狮子。

细紫狮子织不成，扯断了细紫丝线。

《石狮子咬死涩柿子树》（练习"sh""s"）

山前有四十四棵涩柿子树，山后有四十四只石狮子。

山前的四十四棵涩柿子树涩死了山后的四十四只石狮子，

山后的四十四只石狮子咬死了山前的四十四棵涩柿子树。

不知是山前的四十四棵涩柿子树涩死了山后的四十四只石狮子，

还是山后的四十四只石狮子咬死了山前的四十四棵涩柿子树。

《看报纸》（练习"k""b""sh"）

时事学习看报纸，报纸登的是时事。

常看报纸要多思，心里装着天下事。

《三哥三嫂子》（练习"s""z""g""d"）

三哥三嫂子，借我三斗三升酸枣子。

明年上山摘了酸枣子，如数奉还三哥三嫂子这三斗三升酸枣子。

《扔草帽》（练习"g""r""m"）

隔着墙头扔草帽。

不知是草帽套老头儿，还是老头儿套草帽。

《大车拉小车》（练习"t""l"）

大车拉小车，小车拉小石头。

石头掉下来，砸了小脚趾头。

《牛拉碾子》（练习"n""l"）

牛拉碾子碾牛料，碾完了牛料留牛料。

《大嫂子和大小子》(练习"d""s""b")

一个大嫂子,一个大小子,大嫂子跟大小子比包饺子。

看是大嫂子包的饺子好,还是大小子包的饺子好;

再看是大嫂子包的饺子少,还是大小子包的饺子少。

大嫂子包的饺子又小又好又不少,大小子包的饺子又小又少又不好。

《辨读》(练习"zh""ch""sh""z""c""s""l""n")

"找到"不念"早稻","乱草"不叫"乱吵","制造"不是"自造"。

"收"不是"搜","流"别念"牛","无奈"不是"无赖","恼怒"别念"老路"。

《湿字纸》(练习"s""sh""z""zh")

刚往窗上糊了字纸,你就隔着窗户撕字纸。

一次撕下横字纸,一次撕下竖字纸,横竖两次撕了四十四张湿字纸。

是字纸你就撕字纸,不是字纸你就不要胡乱撕一地纸。

《天上七颗星》(练习"d""t""b""x")

天上七颗星,树上七只鹰,梁上七个钉,台上七盏灯。

拿扇扇了灯,用手拔了钉,举枪打了鹰,乌云遮了星。

《对联》(练习"w""m")

娃挖蛙出瓦,妈骂马吃麻。

《学习就怕满、懒、难》(练习"m""l""n")

学习就怕满、懒、难,

心里有了满、懒、难,

不看不钻,就不前。

心里丢掉满、懒、难,

永不自满,边学边干,

蚂蚁也能搬泰山。

《学习识字》（练习"s""sh""z"）

老石和老四学习识字。

老石一日识了四个字，老四一日识了十个字。

老石思索怎样才能赛过老四，一日识十字。

其实老石不是不能赛过老四，

老四学习一小时，老石就学习四小时，老石终于超过了老四。

传承愚公移山志，一日就识了四十四个字。

《老老道和小老道》（练习"l""d"）

高高山上有座庙，庙里住着俩老道。

一个年纪老，一个年纪少。

庙前长着许多草，

有时候老老道煎药，小老道采药；

有时候小老道煎药，老老道采药。

《白石塔》（练习"b""t"）

白石塔，白石搭，白石搭白塔。

白塔白石搭，搭好白石塔，白塔白又大。

《子词丝》（练习"z""c""s"）

四十四个字和词，组成一首满是"子""词""丝"的拗口词。

桃子李子栗子橘子柿子槟子榛子，栽满院子村子和寨子。

刀子斧子锯子凿子锤子刨子尺子，做出桌子椅子和箱子。

名词动词数词量词代词副词助词连词，组成语词诗词和唱词。

蚕丝生丝熟丝缫丝染丝晒丝纺丝织丝，自制粗丝细丝人造丝。

《钟家娃娃种冬瓜》（练习"d""g"）

东门外，钟家娃娃种冬瓜；西门外，施家姐姐栽西瓜。

人人都说东门外钟家的冬瓜大，赛不过西门外施家的大西瓜。

到底是东门外钟家娃娃的冬瓜该夸，还是西门外施家姐姐的西瓜该夸？

《一个老僧一本经》（练习"j""q"）

一个老僧一本经，一句一行念得清。

不是老僧爱念经，不会念经当不了僧。

《二人山前来比腿》（练习"c""t"）

山前有个崔粗腿，山后有个崔腿粗，二人山前来比腿。

不知是崔粗腿比崔腿粗的腿粗，还是崔腿粗比崔粗腿的腿粗。

《墙头有个瓜》（练习"q""g"）

墙头有个老南瓜，掉下来砸着胖娃娃。

娃娃叫妈妈，妈妈摸娃娃，娃娃拍南瓜。

《胖娃娃和活蛤蟆》（练习"p""h""s"）

一个胖娃娃，捉了三只大花活蛤蟆。

三个胖娃娃，只捉了一只大花活蛤蟆。

捉了一只大花活蛤蟆的三个胖娃娃，真不如捉了三只大花活蛤蟆的胖娃娃。

《猫闹鸟》（练习"m""n"）

东边庙里有只猫，西边树梢有只鸟。

猫鸟天天闹，不知是猫闹树上鸟，还是鸟闹庙里猫。

《颗颗豆子进石磨》（练习"k""m""g"）

颗颗豆子进石磨，磨成豆腐送哥哥。

哥哥说我的生产虽然小，但是小小的生产贡献多。

《铜勺和铁勺》（练习"t""r"）

铜勺舀热油，铁勺舀凉油。

铜勺舀了热油舀凉油，铁勺舀了凉油舀热油。

《一匹布与一瓶醋》（练习"b""p""c""t"）

肩背一匹布，手提一瓶醋，走了一里路，看见一只兔。

卸下布，放下醋，去捉兔。跑了兔，丢了布，洒了醋。

《苏胡子和胡胡子》（练习"s""h""z""sh"）

苏州有个苏胡子，湖州有个胡胡子。

苏州的苏胡子家里有个梳胡子的梳子，湖州的胡胡子家里有个梳子梳胡子。

《芜湖徐如玉》（练习"w""y"）

芜湖徐如玉，出门屡次遇大雾。

曲阜苏愚卢，上路五回遇大雨。

《借绿豆》（练习"j""l""d"）

出南门，走六步，见到六叔和六舅。

叫声六叔和六舅，借我六斗六升好绿豆。

过了秋，打了豆，还我六叔六舅六斗六升好绿豆。

《帆布黄》（练习"f""h""l"）

长江里船帆帆布黄，船舱里放着一张床。

床上躺着两位老大娘，她俩亲亲热热唠家常。

《杨家养了一只羊》（练习"y""j"）

杨家养了一只羊，蒋家修了一堵墙。

杨家的羊撞倒了蒋家的墙，蒋家的墙压死了杨家的羊。

杨家要蒋家赔羊，蒋家要杨家赔墙。

《大和尚，小和尚》（练习"d""h""ch""sh"）

大和尚常常过长江。过长江，为哪厢？过长江去看小和尚。

大和尚原籍襄阳他姓张，小和尚原籍良乡他姓蒋。

大和尚和小和尚，有事常商量。

大和尚说小和尚强,小和尚说大和尚壮。
小和尚煎姜汤让大和尚尝,大和尚奖赏小和尚檀香箱。

《小兰儿上庙台儿》(练习"h""t""d")

有个小孩叫小兰儿,挑着水桶上庙台儿。
摔了个跟头拣了个钱儿,又打醋,又买盐儿,还买了一个小饭碗儿。
小饭碗儿,真好玩儿,没有边儿,没有沿儿,中间儿有个小红点儿。

《盆和瓶》(练习"p")

桌上放个盆,盆里有个瓶。
乒乒乓乓,乓乓乒乒,不知是瓶碰盆,还是盆碰瓶。

《银星和阴云》(练习"y")

天上有银星,星旁有阴云。
阴云要遮银星,银星躲过了阴云,不让阿云遮银星。

《通信不同姓》(练习"t""x")

"同姓"不能念成"通信","通信"不能念成"同姓"。
同姓可以互相通信,通信不一定同姓。

《路灯》(练习"l""k""sh")

十字路口指示灯,红黄绿灯要分清。
红灯停,绿灯行,黄灯等一等。
行行停停,或停或行看分明。

《盆碰棚》(练习"p""ch""b")

老彭拿着一个盆,路过老陈住的棚。
盆碰棚,棚碰盆,棚倒盆碎棚压盆。
老陈要赔老彭的盆,老彭不要老陈来赔盆。
老陈要陪老彭去补盆,老彭帮着老陈来修棚。

《男演员和女演员》(练习"n")

男演员和女演员,同台演戏说方言。

男演员说吴方言,女演员说闽南方言。

男演员演远东劲旅飞行员,女演员演鲁迅著作研究员。

研究员、飞行员、吴方言、闽南方言。

你说男女演员演得全不全。

《炖冻豆腐》(练习"d""h")

会炖我的冻豆腐,来炖我的冻豆腐。

不会炖我的冻豆腐,就别来炖我的冻豆腐。

要是混充会炖我的冻豆腐,却炖坏我的冻豆腐,就吃不成我的炖冻豆腐。

《打南边来了个瘸子》(练习"d""q")

打南边来了个瘸子,手里托着个碟子,碟子里装着个茄子。

打南边来的瘸子没看到地下钉着个橛子,撒了碟子里的茄子。

气得瘸子撇了碟子、拔了橛子、踩了茄子。

《老史捞石》(练习"sh""l")

老师老是叫老史去捞石,老史老是没有去捞石。

老史老是骗老师捞了石,老师老是说老史不老实。

《东洞庭与西洞庭》(练习"d""t")

东洞庭,西洞庭,洞庭山上一根藤,藤上挂铜铃。

风吹藤动铜铃响,风停藤定铜铃静。

《金锯子锯金柱子》(练习"j")

张家有个金柱子,江家有个金锯子。

江家的主人用金锯子锯张家的金柱子,金锯子锯断了金柱子。

《二人山前来比眼》（练习"y""sh"）

山前有个阎圆眼，山后有个阎眼圆，二人山前来比眼。

不知是阎圆眼比阎眼圆的眼圆，还是阎眼圆比阎圆眼的眼圆。

《梁木匠和梁瓦匠》（练习"l""m""w"）

梁木匠，梁瓦匠，两梁有事常商量。

梁木匠天亮晾衣裳，梁瓦匠天亮量高粱。

梁木匠晾衣裳受了凉，梁瓦匠量高粱少了粮。

梁瓦匠思量梁木匠受了凉，梁木匠体谅梁瓦匠少了粮。

《梨和栗》（练习"l"）

老罗拉了一车梨，老李拉了一车栗。

老罗人称大力罗，老李人称李大力。

老罗拉梨做梨酒，老李拉栗去换梨。

《小柳和小妞》（练习"l""n"）

路东住着刘小柳，路南住着牛小妞。

刘小柳拿着大皮球，牛小妞抱着大石榴。

刘小柳把大皮球送给了牛小妞，牛小妞把大石榴送给了刘小柳。

牛小妞脸儿乐得像红皮球，刘小柳笑得像开花的大石榴。

《人名与任命》（练习"r""m"）

"任命"是"任命"，"人名"是"人名"。

"任命""人名"不能混同。

记错了人名，就下错了任命。

《胡子和驼子》（练习"h""l""z"）

有个胡子，骑着个驴子。有个驼子，挑了担螺蛳。

胡子的驴子撞翻了驼子的螺蛳，挑螺蛳的驼子拦住了骑驴子的胡子要胡子赔螺蛳。

胡子去打挑螺蛳的驼子，驼子来打骑驴子的胡子。

胡子打驼子，驼子打胡子。

《天上日头》（练习"t""zh""sh"）

天上有日头，地上有石头，嘴里有舌头，别忘了树上的枝头和手上的指头。

《板凳宽，扁担长》（练习"b""d"）

板凳宽，扁担长，扁担没有板凳宽，板凳没有扁担长。

扁担要绑在板凳上，板凳不让扁担绑在板凳上，扁担偏要绑在板凳上。

《广场上，红旗飘》（练习"q""m"）

广场上飘红旗，看你能数几面旗——

一面旗，两面旗，三面旗，四面旗，五面旗，六面旗，七面旗，八面旗，九面旗，十面旗……

十面旗，九面旗，八面旗，七面旗，六面旗，五面旗，四面旗，三面旗，两面旗，一面旗……

《满天星》（练习"g""k"）

天上看，满天星；地下看，有个坑；坑里看，有盘冰。坑外长着一老松，松上落着一只鹰，鹰下坐着一老僧，僧前点着一盏灯，灯前搁着一部经，经前有着一面墙，墙上钉着一根钉，钉上挂着一张弓……

说刮风，就刮风，刮得那男女老少难把眼睛睁。刮散了天上的星，刮平了地下的坑，刮化了坑内的冰，刮断了坑外的松，刮飞了松上的鹰，刮走了鹰下的僧，刮灭了僧前的灯，刮乱了灯前的经，刮花了经前的墙，刮掉了墙上的钉，刮翻了钉上的弓……

只刮得星散、坑平、冰化、松倒、鹰飞、僧走、灯灭、经乱、墙花、钉掉、弓翻还不停，请来玉皇大帝、孙悟空，制服风婆天下宁。

《一树枣》（练习"z""s"）

出东门，过大桥，大桥底下一树枣。

拿着竿子去打枣，青的多，红的少。

一个枣、两个枣、三个枣、四个枣、五个枣、六个枣、七个枣、八个枣、九个枣、十个枣。十个枣、九个枣、八个枣、七个枣、六个枣、五个枣、四个枣、三个枣、两个枣、一个枣……

这是一个绕口令，一气说完才算好！

《六十六岁的刘老六》（练习"l"）

六十六岁的刘老六，修了六十六座走马楼，楼上摆了六十六瓶苏合油，门前栽了六十六棵垂杨柳，柳上栓了六十六只大马猴。

忽然一阵狂风起，吹倒了六十六座走马楼，打翻了六十六瓶苏合油，压倒了六十六棵垂杨柳，吓跑了六十六只大马猴，气死了六十六岁的刘老六。

《喇嘛和哑巴》（练习"l""t""m"）

打南边来了个喇嘛，手里提着五斤鳎目。

打北边来了个哑巴，腰里别着一个喇叭。

南边提鳎目的喇嘛要拿鳎目换北边别喇叭的哑巴的喇叭，

哑巴不乐意拿喇叭换提鳎目的喇嘛的鳎目，

喇嘛非要拿鳎目换别喇叭的哑巴的喇叭。

提鳎目的喇嘛抡起鳎目抽了别喇叭的哑巴一鳎目，

别喇叭的哑巴摘下喇叭打了提鳎目的喇嘛一喇叭。

也不知是提鳎目的喇嘛抽了别喇叭的哑巴一鳎目，还是别喇叭的哑巴打了提鳎目的喇嘛一喇叭。

只知道，喇嘛炖鳎目，哑巴滴滴答答吹喇叭！

附录

普通话水平测试单字表

附录 普通话水平测试单字表

一画

一 乙

二画

二 十 丁 厂 七 卜 人 入 八 九 几 儿 了 力 乃 刀 又

三画

三 于 干 亏 士 工 土 才 寸 下 大 丈 与 万 上 小 巾
山 千 乞 川 亿 个 勺 久 凡 及 夕 丸 么 广 亡 门 义
之 尸 弓 己 已 子 卫 也 女 飞 刃 习 叉 马 乡

四画

丰 王 井 开 夫 天 无 元 专 云 扎 艺 木 五 支 厅 不
太 犬 区 历 尤 友 匹 车 巨 牙 屯 比 互 切 瓦 止 少
日 中 冈 贝 内 仍 水 见 斤 爪 牛 反 介 毛 气 升 长 凶 仁 什 片
仆 化 仇 币 仅 欠 丹 勾 乌 凤 勾 父 从 今 分 乏 公 斗
仓 月 忆 订 书 氏 勿 户 认 风 心 尺 引 丑 巴 孔 队 办 文 以 六 方 火 允 为 予 劝
忆 双 书 幻

五画

古 北 史 仙 册 头 民 幼
世 卡 由 代 匆 汇 尼 母
甘 东 田 仕 句 司 纠
去 轧 号 付 乐 半 永 矛
扔 灭 电 丘 印 兰 记 台
功 平 叮 禾 甩 闪 讯 对
扒 龙 申 生 失 用 立 议 圣
扑 布 甲 令 市 必 孕
正 石 叶 四 丛 主 训 发
巧 右 目 叱 包 礼 边
打 厉 旦 叨 瓜 写 召
击 左 且 另 斥 务 让 皮
未 丙 归 叫 他 鸟 讨 加
末 可 帅 旧 叼 仔 冬 它
示 术 旧 兄 白 处 穴 奶
刊 本 业 央 仪 外 宁 辽 丝
玉 节 占 只 们 犯 汉 出

 ## 六画

式 场 在 划 团 朱 件 全 各 决 忙 迅 戏
刑 耳 共 有 迈 同 先 任 会 名 充 兴 尽 羽
动 百 毕 吊 丢 伤 杀 多 妄 宇 导
扛 寺 存 至 吃 舌 价 合 争 闭 守 异 欢
吉 亚 而 此 因 竹 份 兆 色 问 宅 孙 买
扣 芝 页 贞 吸 迁 华 企 壮 闯 字 安 阵 红
考 朴 夸 尘 吗 乔 仰 众 冲 羊 阳 纤
托 机 朽 夺 尖 屿 伟 仿 爷 冰 庄 并 讲 收 级
老 权 灰 劣 帆 岁 传 伙 伞 庆 关 军 阶 约
执 过 达 光 回 岂 乒 伪 创 米 许 论 阴 纪
巩 臣 列 当 早 刚 伍 自 肌 庆 亦 灯 防 驰
圾 再 死 刚 则 伏 似 血 朵 刘 农 奸 巡
扩 协 成 吐 优 后 危 齐 污 江 访 妇
扫 西 夹 吓 肉 旬 次 污 设 访 好
地 压 轨 虫 网 伐 行 旨 衣 池 寻 她
扬 厌 邪 曲 年 延 身 负 产 汤 那 妈

 ## 七画

寿 弄 麦 形 进 戒 吞 远 违 运 扶 抚 坛 技 坏 扰 拒

132

找 批 扯 址 走 抄 坝 贡 攻 赤 折 抓 扮 抢 孝 均 抛
投 坟 抗 坑 坊 抖 护 壳 志 扭 块 把 杜 报 却 劫 芽
花 芹 芬 苍 芳 严 芦 劳 克 苏 声 扳 还 材 村 杏 极
李 杨 求 更 盯 束 豆 两 丽 医 杆 否 呀 歼 来 连 步
坚 旱 叮 呈 时 吴 助 县 里 辰 励 杠 吨 呀 吨 足 邮
男 困 吵 串 员 听 吩 吹 呆 呆 园 吼 帐 伸 财 针 钉
告 我 乱 利 秃 秀 私 兵 鸣 佛 别 体 伴 余 作 伯 伶
佣 低 你 住 位 伴 身 龟 吧 免 何 役 近 围 希 坐 谷
妥 含 邻 岔 肝 肚 肠 亩 估 近 狂 犹 彻 角 卵 岛 迎
饭 饮 忘 系 言 冻 状 灶 吹 床 免 库 疗 沙 应 辛 弃
冶 忘 闲 闷 间 冈 判 宏 君 牢 究 汪 沙 冷 序 没 沈
沉 怀 忧 完 快 完 宋 宏 妙 灵 即 穷 层 证 沟 补 初
社 识 诉 诊 词 译 君 妙 妖 驴 妨 努 尿 迟 评 张 忌
际 陆 阿 陈 附 纹 君 纺 驴 纽 努 忍 劲 鸡 改 纱 纳
纲 驳 纵 纷 纸

八画

奉 玩 环 武 青 责 现 表 规 抹 拢 拔 拣 担 坦 押 抽
拐 拖 拍 者 顶 拆 拥 抵 拘 势 抱 垃 拦 拌 幸 招
坡 披 拔 择 抬 其 取 苦 若 茂 苹 苗 英 范 直 茄 茎
茅 林 刺 枝 杯 析 板 松 构 杰 奋 述 枕 画 卧
事 斩 枣 雨 柜 矿 码 枪 奇 虎 态 丧 欧 妻 轰 项
转 味 昆 软 到 非 叔 奔 齿 些 房 固 肾 垄 鸣 旺 具
果 岸 刮 轮 帖 国 昌 畅 明 肯 易 昂 典 忠 附 贤 呼 咏 呢
佩 乖 货 秆 罗 帜 岭 凯 败 贩 购 图 钓 制 尚 知 牧 物
爸 依 和 季 委 侍 供 使 例 版 所 侦 凭 侨
周 采 昏 的 迫 质 欣 征 往 爬 彼 径 侈 舍 命 斧
府 底 剂 乳 受 贪 念 贫 狗 肤 肺 肢 肿 肥 股 庙
兔 鱼 郊 废 忽 盲 备 肪 饱 胀 朋 店 享 炒
剂 昏 狐 净 放 饰 饲 京 卷
周 底 废 刻 育 闹 郑 券
府 盲 闸

泻宜诞降驻
注定话陕终
泊宗视孤织
沿宝衫孟驶
油学衬承细
泪怪诚弦组
沾房屈练
河怜刷线
泄诗届艰
法怕肩郎居参
浅泽实录隶驾
沫波空帘肃始
炉官建姑详经
炕泥宙该妹绍
炊泳审询限驼

九画

赴某标砖临趴咬看贷待独度美酒恢袄除绒
政挪药研点畏哈拜俩盾狮亮养洪恒扁孩绑
挠挥南歪响缸卸段便俊狭亭差洁津语眉垒
城按胡咸皆映咱剃勉闻炮炸屋穿费急柔
垮挖故背星昨哑钩竿侵脉奖阀洲浑冠昼勇
项挤荣要冒骂复钥重泉鬼胖将浓烂客盈
持挣荡树鸦咽钢炼弯闻脉派洋剑剂怨
封垫栏残显品种科皇胜帝饼泵炼退架统
挂指柿殃哄虽钟信胆饺音炼既退贺统
型挑荒茬秋亲逆染突济既架贺统
毒拾草柏耍盼蚂骨种香俗食饶姿首派室宣说姻娇骆
玻拴带查面尝虫是蚁罚虾峡选保促叙贸狠疯类送洞恨神院娃绘给络
珍括巷相虹界省削炭牲修须狠痪叛浊恼祖险结
春挡革柄厚竖贵哪怎很狱庭疮送测举祝绕
帮挺荐栋砌省削炭
奏赵甚枯厘览胃咳矩顺律狡迹姜浇恰

十画

耕	耗	艳	泰	珠	班	素	蚕	顽	盎	匪	捞	栽	捕	振	载	赶	恐	
起	盐	捎	捏	埋	捉	捆	捐	损	都	哲	捡	换	挽	桐	热	株	夏	
壶	挨	耻	耿	恭	莲	莫	荷	获	晋	恶	框	桂	挡	唇	桐	夏	监	
桥	桃	格	校	核	样	根	哥	顾	速	逗	配	翅	档	辱	桌	监	罢	
础	破	原	套	逐	烈	殊	索	轿	较	顿	致	柴	唤	唉	乘	罢	敌	
紧	党	晒	眠	晓	鸭	晃	晌	晕	蚊	哨	恩	唤	牺	造	倾	敌	倒	
峰	圆	贼	贿	钱	钳	钻	铁	铃	铅	缺	氧	特	值	倚	舱	倒	般	
秤	租	积	秧	秩	称	秘	透	笔	笑	笋	债	借	徒	脑	狼	般	逢	
倘	俱	倡	候	俯	倍	倦	健	臭	射	躬	息	脏	胶	狸	疼	逢	疲	
航	途	拿	爹	爱	颂	翁	脆	脂	胸	脚	症	畜	病	疾	拳	疲	粉	
留	跛	饿	唐	恋	桨	衰	高	席	准	座	脊	阅	羞	瓶	消	粉	浩	
效	离	兼	资	凉	剖	竞	部	旁	旅	畜	涝	酒	涕	害	宽	宽	
料	益	浴	烤	烘	烦	烧	烛	烟	递	涛	浙	悟	悄	悔	袖	袍	陷	
海	涂	宵	宴	宾	烘	浪	浸	涨	递	涛	涌	烫	读	扇	袜	陶	陷	
家	家	宾	宾	窄	容	宰	案	请	朗	诸	读	剧	屑	弱	陵			
祥	课	谁	调	冤	谅	谈	谊	剥	恳	展	剧							
陪	娱	娘	通	能	难	预	桑	绢	绣	验	继							

十一画

球	理	捧	堵	描	域	掩	捷	排	掉	堆	推	掀	授	教	掏	掠	菊
培	接	菠	探	据	掘	职	基	著	梯	桶	萝	菌	菜	萄	聋
萍	菠	盛	控	械	梦	梢	梅	检	梳	匙	救	萌	副	票	爽	啦	银
袭	啄	雪	辅	辆	略	蛇	雀	堂	常	患	晨	睁	萌	眼	戚	野	您
晚	梨	距	跃	移	笨	累	笛	符	唱	匙	崖	做	崭	眼	恳	铲	脖
甜	售	梨	停	偏	假	得	猜	衔	猪	盘	船	第	盒	鸽	馆	偶	脚	痕
脸	脱	象	庸	鹿	盗	章	竟	商	族	旋	望	率	着	盖	粘	痒	粒	粗

梁 婆 深 淡 液 淘 渔 混 渐 渠 淹 淋 添 清 兽 剪 断
谎 谋 密 寄 宿 窑 寇 惯 惨 惊 惕 俱 悼 惜 惜 情 渗
续 绪 绩 颈 婶 婚 隐 隆 蛋 随 弹 屠 敢 逮 谜 祸
骑 续   绵 绿   绳

十二画

插 喜 揭 博 堤 提 超 趁 越 搭 塔 堪 款 替 斑 琴
葬 惹 散 联 棋 期 欺 植 斯 握 搅 搂 搁 栽 援 煮 搜 揪
棵 棵 椒 散 椅 植 雁 揉 葵 辜 朝 落 葱 敬 葡 董 葛
辈 景 暂 雄 殖 喷 确 硬 厦 逼 掌 惑 惠 辉 棚 棉
践 雅 喊 遇 晶 幅 量 最 暑 晴 蛛 赏 蛙 遗 跑 紫 悲
铺 铸 黑 赌 鹅 腊 喉 哨 喂 锋 蜓 蜒 筒 锈 锁 销 跌
税 稀 焦 剩 脾 傻 智 短 筋 答 艇 筛 策 筑 链 筐
储 傍 猾 集 堡 腔 曾 禽 番 释 舒 循 御 惩 奥
然 猴 港 鲁 道 尊 愤 傲 渺 美 普 童 痛 就 装 馋
湖 愠 慨 焰 曾 愧 慌 情 谣 谢 涟 渡 滋 裙 编 骗 编 缘 寒 富 窜
疏 粥 强 愉 屡 属 谦 缘 缎 搁 隔 隙 絮 嫂 登

十三画

蒜 摊 塘 搞 摇 搬 携 摆 鼓 塌 搏 填 摸 摄 肆 魂 瑞
概 楼 榆 槐 输 想 禁 蒸 献 蒙 蓄 碑 墓 蓝 鹊 勤
鉴 龄 督 路 雷 跨 楚 雾 跳 碌 碗 照 盟 暖 愚 碎 感 酬 赖
蛾 遣 跟 辞 稠 辞 跪 跟 锦 键 暗 锡 锣 锤 微 愈 数 滩
筹 愁 腹 腥 辟 腰 遥 塑 慈 塞 锯 腰 遥 塑 慈 塞
腿 腾 煌 煤 福 群 誉 谨 谨 慎 粮 谁 滑 敬 鼠 罩
慎 满 福 群 誉 谨 签 解 酱 毁 舅 廉 溪 溜 滚 滨 梁 漆
漠 殿 触 源 滤 滥 滔

辟 障 嫌 嫁 叠 缝 缠

十四画

静 碧 璃 墙 撒 嘉 摧 截 誓 境 摘 摔 聚 蔽 慕 暮 蔑
模 榴 榜 榨 歌 遭 酷 酿 酸 磁 愿 需 弊 裳 颗 嗽 蜻
蜡 蝇 蜘 赚 锹 锻 舞 稳 算 箩 管 僚 鼻 魄 貌 膜 膊
膀 鲜 疑 馒 裹 敲 豪 膏 遮 腐 瘦 辣 竭 端 旗 精 歉
熄 熔 漆 漂 漫 滴 演 漏 慢 寒 赛 察 蜜 谱 嫩 翠 熊
凳 骡 缩

十五画

慧 撕 撒 趣 趟 撑 播 撞 撇 增 聪 鞋 蕉 蔬 横 槽 樱
橡 飘 醋 醉 震 霉 瞒 题 暴 瞎 影 踢 踏 踩 踪 蝶 蝴
嘱 墨 镇 靠 稻 黎 稿 稼 箱 箭 篇 僵 躺 僻 德 艘 膝
腔 熟 摩 颜 毅 糊 遵 潜 潮 懂 额 慰 劈

十六画

操 燕 薯 薪 薄 颠 橘 整 融 醒 餐 嘴 蹄 器 赠 默 镜
赞 篮 邀 衡 膨 雕 磨 凝 辨 辩 糖 糕 燃 澡 激 懒 壁
避 缴

十七画

戴 擦 鞠 藏 霜 霞 瞧 蹈 螺 穗 繁 辫 赢 糟 糠 燥 臂
翼 骤

十八画

鞭 覆 蹦 镰 翻 鹰

十九画

警 攀 蹲 颤 辫 爆 疆

二十画

壤 耀 躁 嚼 嚷 籍 魔 灌

二十一画

蠢 霸 露

二十二画

囊

二十三画

罐